한림신서 일본학총서 99

중국 잔류 일본인

—버려진 60여 년

CHUGOKU ZANRYU HOJIN : OKISARARETA ROKUJU YONEN,
by Magoroku Ide

First published 2008 by Iwanami Shoten, Publishers, Tokyo.
This Korean language edition published 2012
by Institute of Japanese Studies, Hallym University, Chuncheon
by arrangement with the proprietor c/o Iwanami Shoten, Publishers, Tokyo.

중국 잔류 일본인

—버려진 60여 년

이데 마고로쿠 지음 | 임성모 옮김

小花

이 도서는 2011년도 정부(교육과학기술부)의 재원으로 한국연구재단의 지원을 받아 한림대학교 일본학연구소가 수행하는 중점연구소지원사업의 일환으로 이루어진 연구임(NRF-413-2011-2-A00001)

한림신서 일본학총서 99

중국 잔류 일본인
—버려진 60여 년

초판 1쇄 발행 2012년 3월 30일

지 은 이 이데 마고로쿠
옮 긴 이 임성모

펴 낸 이 한림대학교 일본학연구소
펴 낸 곳 도서출판 소화
등 록 제13-412호
주 소 서울시 영등포구 영등포동 7가 94-97
전 화 02-2677-5890
팩 스 02-2636-6393
홈페이지 www.sowha.com

ISBN 978-89-8410-437-2 94080
ISBN 978-89-8410-105-0 (세트)

값 7,000원

머리말

일찍이 일본이 대륙침략정책에 발목이 잡혀 있었을 무렵, 국책으로서 만몽개척단(滿蒙開拓團)이라는 것이 중국 동북부로 송출되었다. '만몽'이란 만주와 몽골을 하나로 묶은 일본식 조어다. '중국 잔류 일본인—잔류 고아, 잔류 여성' 문제를 이해하려고 할 때, 만몽개척단은 중요한 키워드일 것이다.

'중국 잔류 고아'란 제2차 세계대전이 종결된 1945년 8월 중국 동북부(옛 만주)를 중심으로 남겨진 0~12세의 아동을 가리키며, '중국 잔류 여성'이란 마찬가지 상황의 13세 이상 여성을 가리킨다. 좀체 움직이지 않던 후생성 원호국에 의해 중국 잔류 고아의 친부모를 찾기 위한 '일본 방문 조사'가 겨우 시작된 것은 1981년 3월이었다. 이미 '고아'의 나이는 36~48세가 되어 있어서 조사에 난항이 예상되었다.

그러나 조사 초기에 친부모 판정률이 50~70퍼센트를 웃돌아 비교적 높은 수준을 유지했으며, 대다수가 전 만몽개척단의 자녀들임이 밝혀졌다. 잔류 여성에 대한 정식 조사는 이루어진 적이 없으나, 대개 만몽개척단과 관련된 여성일 것임은 쉽사리 짐

작할 수 있다.

친부모를 찾기 위한 일본 방문 조사에서 내가 특히 경악한 점은, 신원이 판명된 고아가 열 명 나오면 그중 한두 명은 반드시 내 고향인 나가노현(長野縣)에서 송출한 개척단의 자녀였다는 사실이다. 패전 당시 만몽개척단과 그 가족은 약 27만 명이었다고 하는데, 『나가노현 만주 개척사 명부 편』에 적힌 나가노현 전체 송출자 수는 3만 3,700여 명이다.

이 숫자들을 대비해 보면 신원 판명 고아의 10~20퍼센트가 나가노현 관련 고아라는 것이 결코 우연이 아님을 알 수 있다. 만몽개척단은 국책이라는 이름으로 전국 47개 도도부현(道都府縣)을 샅샅이 훑어서 송출되었고, 나가노현은 전국 제일의 송출 현이었다. 그것이 신원 판명자의 수에도 거의 정확히 반영되어 있었던 것이다.

대다수 잔류 고아는 1945년 8월 9일 소련의 참전과 8월 15일 일본의 패전 이후 벌어진 혼란의 와중에서 현지 중국인 양부모 덕에 목숨을 건지고 중국 이름을 갖게 된 이들이다. 중국어를 할 수 있게 되자 고아들의 일본어는 급속히 사라져 버렸지만, 개척단 시절 유년기의 어렴풋한 추억이나 전란 속에서 생사의 기로를 헤매던 체험은 중국어로 바뀐 채 기억에 남아 있다. 일본 방문 조사의 집회 장소에서 무의식적으로 튀어나온 "난 누굽니까?"라는 질문은 현재형이다. 그들의 과거는 역사가 아니라 현재진행형으로 계속되고 있는 것이다.

*

마치 "난 누굽니까?" 하는 질문에 추궁이라도 당하듯이 만몽 개척단이 송출되던 시절이 기억 속에서 되살아났다.

내 고향은 산간 지대여서 밭에 뽕나무를 심어 양잠으로 먹고 사는 농가가 많았다. 내가 자라난 작은 도회지는 그런 농촌의 출구와도 같은 위치에 들어서 있었다. 봄, 여름과 가을에 때맞추어 누에가 출하될 적마다 말 등에 누에고치 포대를 얹어서 실어 오는 집산지로 흥청거렸는데, 내가 태어난 해인 1931년에는 누에고치 가격이 성수기의 10분의 1까지 폭락하여 거리는 등불이 꺼진 것처럼 한산해졌다고 한다.

1934년 신문 보도를 보면, 도심에서 10킬로미터쯤 떨어진 산중에 자리 잡은 오히나타촌(大日向村)에서는 초등학교 교사의 월급이 장기간 체불되던 지경이어서 촌장 이하 지도부가 사임해 버리는 통에 현청 직원이 촌장대리로 오게 되는 사태까지 벌어졌다고 한다. 이 마을은 마을 전체의 파산선고나 다름없는 경제갱생촌 지정을 받았고, 그로부터 2년 뒤 히로타 고키(廣田弘毅) 내각이 7대 국책 중 하나로 내건 '만주 이민 20개 년 100만 호 이주 계획'의 권유에 저항할 수 없는 형국이었다. 결국 마을을 둘로 나누어 '만주 오히나타촌' 분촌(分村) 계획에 마을의 명운을 걸게 되었다. 선발대가 마을을 떠난 것은, 1937년 7월 7일 베이징 교외의 루커우차우(盧溝橋) 부근에서 선전포고도 없이 중일전쟁이 일어난 바로 다음날이었다. '만주 오히나타촌'이 농민작가의 손에 의해 실록소설처럼 작품화되어 널리 읽히고 영화와 연극으로 만들어져 전국적으로 선전된 것은 내가 초등학생이던 무렵이다.

'100만 호 이주 계획'의 선구자 역할을 한 만주 오히나타촌에는 만주 현지 농민을 우격다짐으로 쫓아내고 고스란히 확보한 비옥한 농지와 주거지가 마련되어 있었다. 현지에 도착한 개척단장이 "마을에서 쫓겨난 만인(滿人. 중국인)들을 생각하면 어찌 눈물 한 방울 없을 리 있겠소"라고 본촌 사무소에 편지를 써 보낸 것을 보면, 눈앞에 벌어진 사실을 제대로 파악하는 안목은 갖추고 있었다. 하지만 그로부터 8년 뒤 현지 농민 사이에 쌓여 있던 원한이 분노의 화살이 되어 개척단을 향하게 되리라는 것, 그리고 도망치려고 갈팡질팡하는 고아와 여성에게 남몰래 구원의 손길을 뻗친 이들 역시 현지의 빈한한 농민이리라는 것을 통찰할 여유는 없었다.

오히나타촌보다 더 외진 산골에서 초등학교를 마치고 내가 자란 도회지로 일하러 온 지요짱이라는 소녀가 있었다. 살결은 희고 몸집은 자그마하지만 영리해서 똑 부러지게 일하는, 목소리가 맑은 아이였다. 그 아이가 가족과 함께 만주로 간 것은 과달카날전투에서 패했다(당시에는 '진로를 바꾸었다'고 표현했다)는 소식이 전해질 무렵이었다. 패전 후에 소녀 일가는 결국 돌아오지 못했다.

소만(蘇滿) 국경을 넘어서 밀어닥친 소련군의 선두에 죄수 부대가 있었다든가 현지 농민이 폭도로 변한 가운데 자결의 길을 택한 개척단이 속출했다는 풍문이 한때 바람처럼 속삭였다. 하지만 혹한의 겨울을 뚫고 살아서 돌아온 사람들의 입은 무겁기만 했다. 개척단을 떠나보낸 이들마저 말로 표현하기에는 너무 비참한 탓이었을까. 만몽개척단의 비극은 어느 틈엔가 일본인의 의식 깊숙이 봉인되고 말았다.

봉인된 것은 풀어야 마땅하다. 중국 잔류 고아의 일본 방문 조사가 최고조에 달한 1985년, 나는 잡지 『세카이(世界)』에 「백성은 지금도 아직… —'잔류 고아', 그 역사와 현재」라는 글을 연재했는데, 그것을 책으로 묶어 내면서 제목을 "끝없는 여행"으로 바꾸었다.[1] 일본 방문 조사가 언제 끝날지도 모르게 계속되고 잔류 고아의 종착지가 보이지 않는 것을 염려했기 때문이다. 이제는 세상을 떠난 소설가 미나카미 쓰토무(水上勉) 씨가 내 책의 독후감에서 "10년 후에 이 사람들을 다시 방문한 보고서를 읽을 수 있다면 좋겠다"고 한 것도 나와 같은 생각에서일 게 분명하다. 그러나 10년은커녕 15년이 지났지만 조사는 여전히 계속되고 있다.

2001년부터 시작된 '중국 잔류 일본인—잔류 고아, 잔류 여성'의 국가배상청구 소송은 봉인되어 버린 과거를 다시금 현재형으로 되물어야 한다고 요구하면서 제기된 것이 아닐까?

---

1 井出孫六, 1986, 『終りなき旅—「中國殘留孤兒」の歷史と現在』, 岩波書店, 1986.—옮긴이

차례

일러두기

* 인용문 가운데 일부는 현재 시점에서 볼 때 차별의식이 반영된 표현이 등장하지만, 역사적 배경에 비추어 그대로 사용하였다.

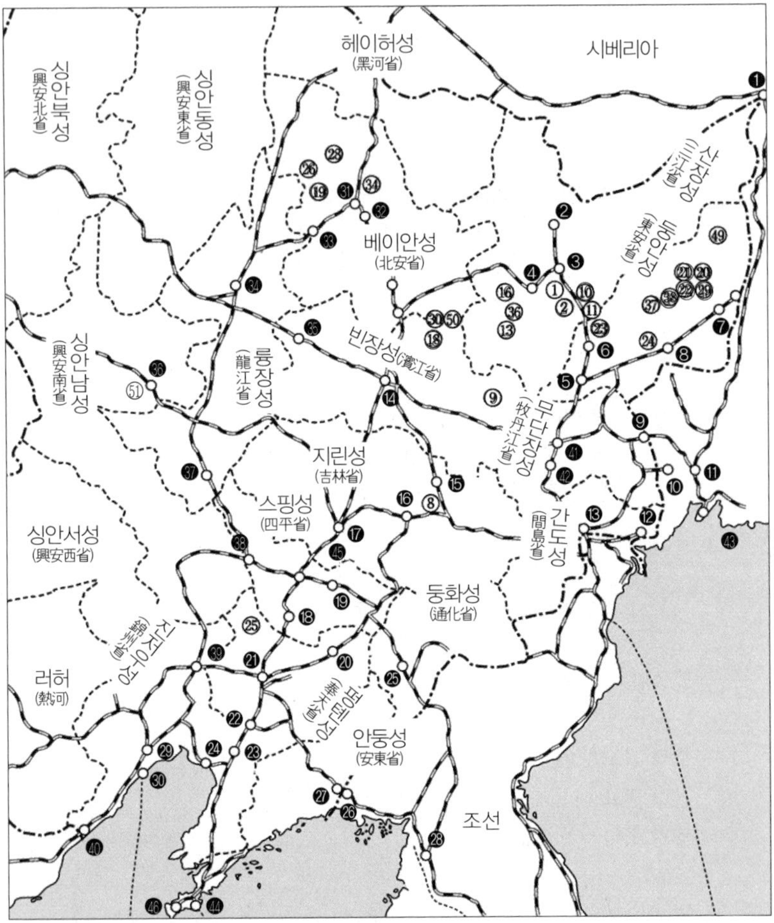

* 출전 : 『사진집 나가노현 만주국 개척지(開拓誌) 상 일반 개척단』(향토출판사, 1981. 단 이 책과 관련된 개척단에 한함).

❶ 하바로프스키
❷ 허강(鶴崗)
❸ 자무쓰(佳木斯)
❹ 탕위안(湯原)
❺ 린커우(林口)
❻ 바리(勃利)
❼ 후린(虎林)
❽ 둥안(東安)
❾ 쑤이펀허(綏芬河)
❿ 둥닝(東寧)
⓫ 니콜리스크
⓬ 훈춘(琿春)
⓭ 투먼(圖們)
⓮ 하얼빈(哈爾濱)
⓯ 수란(舒蘭)
⓰ 지린(吉林)
⓱ 신징(新京)
⓲ 카이위안(開原)
⓳ 시안(西安)
⓴ 칭위안(淸原)
㉑ 펑톈(선양)〔奉天(瀋陽)〕
㉒ 안산(鞍山)
㉓ 하이청(海城)
㉔ 허베이(河北)
㉕ 퉁화(通化)
㉖ 신의주
㉗ 안둥(安東)
㉘ 평양
㉙ 진저우(錦州)
㉚ 후루다오(葫芦島)
㉛ 베이안(北安)
㉜ 퉁베이(通北)
㉝ 타이안(泰安)
㉞ 치치하얼(齊齊哈爾)
㉟ 안다(安達)
㊱ 싱안(興安)
㊲ 카이퉁(開通)
㊳ 정자툰(鄭家屯)
㊴ 신리툰(新立屯)
㊵ 산하이관(山海關)
㊶ 무단장(牧丹江)
㊷ 닝안(寧安)
㊸ 블라디보스토크
㊹ 다롄(大連)
㊺ 푸순(撫順)
㊻ 뤼순(旅順)

① 제1차 이야사카촌 나가노구(彌榮村 長野區)
② 제2차 지부리촌(千振村) 나가노구
⑧ 제7차 오히나타향(大日向村)
⑨ 제7차 중허전 시나노촌(中和鎭 信濃村)
⑩ 제8차 요미카키향(讀書鄕)
⑪ 제8차 야스오카촌(泰阜村)
⑬ 제8차 쇼코다테시나향(小古蓼科鄕)
⑯ 제8차 지요촌(千代村)
⑱ 제8차 후지미촌(富士見村)
⑲ 제9차 후요향(芙蓉鄕)
⑳ 제9차 사라시나향(更級鄕)
㉑ 제9차 고샤향(高社鄕)
㉒ 제9차 시모미노치향(下水內鄕)
㉓ 제9차 로찬호다이몬촌(羅圈河大門村)
㉔ 집합 지쿠마향(千曲鄕)
㉕ 집합 고헤이나가노향(康平長野鄕)
㉖ 제10차 구로히메향(黑姬鄕)
㉘ 제10차 소류키소촌(雙龍木曾村)
㉙ 제10차 하니시나향(埴科鄕)
㉚ 제10차 간키레이사쿠향(歡喜嶺佐久鄕)
㉞ 제10차 야쓰가타케향(八ヶ岳鄕)
㊱ 제11차 히가시치쿠마향(東筑摩鄕)
㊲ 제11차 미나미아즈미향(南安曇鄕)
㊳ 제11차 가미타카이향(上高井鄕)
㊾ 제13차 아치향(阿智鄕)
㊿ 제13차 반잔미나미사쿠군(盤山南佐久)
(51) 진기부쓰리쓰코개척단(仁義佛立講開拓團)

제1장

만몽 개척과 관동군

무장이민

국책으로 전개된 만몽개척단은 어떤 형태로 송출된 것일까? 그 원형을 만들어 나간 핵심 인물은, 1928년 6월 4일 새벽 펑톈〔奉天. 지금의 선양(瀋陽)〕 교외에서 일어난 장쭤린(張作霖) 폭살 현장 부근 독립수비대 보병 제2대대의 중대장 도미야 가네오(東宮鐵男)였다. 이 사건은 '만주 모(某) 중대 사건'이라 하여 극비리에 처리되었고, 도미야는 한때 내지(內地. 일본 본토)로 전출되었다.

당시 관동군(만주 주둔 일본 육군)의 고급 참모였던 하나야 다다시(花谷正)가 만년에 남긴 수기 「만주사변은 이렇게 계획되었다」[2]에 따르면, 작전참모 이시하라 간지(石原莞爾)를 중심으로 한 극소수의 고급 장교 사이에서 극비리에 면밀한 계획이 세워지고 있었음을 알 수 있다. 여러 차례 되풀이된 모략에 의해 1931년 9월 18일 만주사변이 일어났다. 이시하라 작전참모가 구상한 전략 속에 '무장이민' 계획이 언제 자리 잡게 되었는지는 불분명하지만, 장쭤린 폭살 사건의 실행범으로 지목되어 오카야마(岡山) 보병연대 제10연대 중대장으로 전출된 도미야 가네오 대위가 이해

2 栗屋憲太郎 編, 「滿洲事變はこうして計劃された」, 『ドキュメント昭和史 2』.

12월 만주로 출장 간 사실에 주목하고자 한다.

거의 같은 시기에 내지에 있으면서 정계, 군부, 관료 사이를 돌며 '만몽 개척 계획'을 설명하기 시작하던 일본 국민고등학교 교장 가토 간지(加藤完治)의 움직임 역시 이시하라 간지 등의 의향을 받은 것이라 보아도 좋을 것이다. 이듬해인 1932년 1월 15일부터 관동군 통치부는 '만몽 정책 자문회의'를 소집하여 2주간 논의를 했다. 괴뢰 국가 만주국의 골격이 만들어진 이 대규모 회의에는 가토 간지와 절친한 교토제국대학 교수 하시모토 덴자에몬(橋本傳左ヱ門), 도쿄제국대학 교수 나스 히로시(那須皓)도 참석했다.

1932년 봄 제국의회에 제안하려고 한 '만몽개척 5개년계획'이 어떤 것인지는 알 길이 없지만, 이누카이 쓰요시(犬養毅) 내각의 대장성(大藏省) 장관 다카하시 고레키요(高橋是清)의 강력한 반대 때문에 철회되었다. 가토 간지의 회상에 따르면, 다카하시는 국가 재정이 극도로 악화된 상황인데 만몽개척단에 예산을 쓴다는 것은 바다에 돈을 버리는 것이나 마찬가지라고 하면서 거들떠보지도 않았다고 한다. 5월 15일, 수상 관저를 습격한 폭도의 테러로 이누카이 쓰요시가 쓰러졌다.

그즈음 관동군 사령부 소속이 되어 있었을 도미야 가네오 대위가 갓 발족한 만주국 군정부(軍政部)의 고문으로 5월에 쑹화강(松花江)을 타고 산장성(三江省)에 들어가 비적(匪賊)을 추격해 이란(依蘭)을 점거한 뒤 후진(富錦) 방면으로 비적 토벌 공작을 계속했다. 도미야의 전기에는 "북만주에 끝없이 펼쳐진 미개간 옥

토가 있을뿐더러 거기가 농경에 적합한 땅임을 알았을 때, 이민의 숙원은 원대한 계획으로 현실화되지 않을 수 없었다"고 적혀 있다. 하얼빈(哈爾濱)으로 돌아온 도미야는 이시하라 작전참모에게 비적 토벌 공작 보고서와 함께 「재향 군인으로 둔간군(屯墾軍) 기간부대를 편성하여 이란 이동(以東)에 영구 주둔시키는 건」이라는 의견서를 보내는 한편, 이시하라의 격려를 받아서였는지 6월 10일에는 더 자세한 장문의 의견서를 관동군 참모장 하시모토 도라노스케(橋本虎之助)에게 보냈다.

『만주 개척사』는 마침 토지 알선을 의뢰하기 위해 이시하라 참모를 방문하러 펑톈에 온 가토 간지가 이시하라의 소개로 6월 14일 도미야와 처음 만났다고 전하는데, 재향 군인에 의한 제1차 만몽개척 5개년계획은 관동군 작전참모 이시하라 간지가 주도해서 추진되었다고 보아야 할 것이다.

관동군을 배경으로 발족한 괴뢰 국가 만주국은 마치 전란이 끝난 것처럼 위장했지만, 하얼빈 이동(以東) 소만 국경에 이르는 광대한 지역에는 항일운동이 불길처럼 번져 관동군을 괴롭히고 있었다. 관동군의 증강은 소련을 자극하므로 피해야 했고, 막 발족한 만주국군에게 치안을 맡길 수도 없는 노릇이었다. 한 달 뒤에는 도미야 가네오 의견서와 비슷한 내용이 소련의 극동 지역 기관지인 『티호오케안스카야 즈베즈다』[3]에 「만주국의 대원정,

3 나홋카에서 발간된 신문. '태평양의 별'이라는 뜻이다.—옮긴이

개시되다」라는 제목으로 기사화되었다. 중화민국의 호소로 국제연맹이 리턴조사단 파견을 결정한 시점이었다. 제1차 만몽개척단의 예산안이 8월 임시 제국의회에 제출될 때 시험이민으로 위장된 것은 그런 연유에서다.

1932년 여름의 임시 제국의회는 그 위장막을 벗겨 낼 안목을 갖추지 못했다. 신문은 보도 통제하에서 수상 암살의 진실조차 전하지 못하고 있었으며, 만몽의 권익에 발목이 잡힌 채 만주사변과 괴뢰국 수립의 배경을 파헤칠 능력을 빼앗겨 버렸다. 하물며 농촌 공황에 허덕이는 농민은 만주로 건너가면 1호당 20정보(1정보는 약 9,917제곱미터)의 논밭이 기다리고 있다는 말을 듣고 시험이민에 의혹의 눈초리를 보낼 수 없는 상태였다. 대다수 일본인은 만주 앞에서 판단 정지 상태에 놓여 있었던 것이다.

임시 의회가 끝나자 9월 1일부터 재향군인회를 통해 시험이민 모집이 개시되었다. 모집 요항에는 농촌 공황의 피해가 큰 도호쿠(東北) 6개 현, 북부 간토(關東) 3개 현, 신에쓰(信越) 2개 현에 거주하는 24~30세의 병역 유경험자가 대상이라는 것, 간난신고를 견딜 수 있고 부양가족이 적은 자, 내지로 송금할 필요가 없는 자, 사상이 견실하고 주벽이 절대 없는 자 등의 조건이 있었다. 9월 10일에는 대원이 423명 선발되어 18일간 엄격한 훈련을 거친 뒤 10월 3일 메이지신궁(明治神宮)에 참배하고 도쿄를 출발했다.

펑톈 교외의 베이다잉(北大營)에서 가토 간지가 주재하는 국민고등학교 훈련생 70명이 합류했다. 여기에서 옛 둥베이(東北)

군벌이 지녔던 소총이 배급되고 기관총 세 정, 박격포 두 문을 배령(拜領)하면서 시험이민은 무장이민으로 변용되었다. 하얼빈에서 쑹화강을 따라 내려가 10월 14일 자무쓰(佳木斯)에 도착한 그날 밤의 풍경이 「제1차 만주 자위(自衛)이민 수송상황일지」에 이렇게 기록되어 있다.

> 마침 오후 열시경 자무쓰 성 밖에 홍창회(紅槍會)와 대도회(大刀會) 비적의 대규모 습격이 있어 총성이 들려왔다. 우리 수비대의 용맹한 전투로 물리쳤지만, 한때는 격전이 벌어지고 있음을 알려 주는 대포와 기관총 소리가 오가면서 점점 크게 울리는 데다 멀리 떨어진 배 안으로 유탄이 날아들기까지 한다. 이민단은 자중하며 전투에 관여하지 않고 긴장 속에서 잠을 청한다.
>
> —『만주 개척사』에서

제1차 무장이민은 처음부터 현지 농민으로 조직된 파르티잔의 습격을 받아 배 안에서 하룻밤을 새워야 했던 것이다. 그리고 이튿날 아침의 광경을 단원 중 한 사람은 이런 말로 남겼다.

> 도미야 선생은 가토 선생과 함께 몇 사람을 지휘하여 배에서 짐을 내렸다. 우리는 그저 아연실색한 채 어젯밤 비적 때문에 황폐해진 거리를 바라보면서 '둔간 제1대대'라는 새 간판이 걸린 막사로 들어갔다. 막사라고는 하지만 도미야 선생의 계획에 의해 만인(滿

人)의 곡식 창고를 사들여 수리한 것이라 잠시 머물 정도의 움집이었기 때문에 희뿌연 촛불로 밤을 지새웠다. 꽤 단단히 각오하고 온 둔간대였건만, 2~3일 지나지 않아 "우린 속았어. 말도 안 되는 곳에 와버렸네" 하는 사람이 나올 정도다.

—『만주 개척사』에서

"우린 속았어"라는 상황 파악이 옳았다. 며칠 뒤에는 아침부터 눈보라가 몰아쳤다. 도미야 가네오 대위도 가토 간지도 500명의 무장이민을 개척지로 안내할 엄두를 내지 못했다. 자무쓰에 주둔하고 있던 관동군 1개 대대가 하얼빈으로 철수한 뒤, 이들 둔간대대는 파르티잔의 공격과 맞닥뜨렸다.

10월 14일의 공격에 이어 12월에는 16일과 22일 두 차례의 교전이 불가피했고, 이듬해 1월에는 사망자까지 나왔다. 제1차 시험이민은 관동군 대신 만주사변을 치르게 된 셈이다. 도미야 대위의 메모에는 대대 안의 정보 제공자가 수집한 정보가 적혀 있는데, 대원들의 입에서 흘러나온 불만과 동요의 말을 다음과 같이 전하고 있다.

1. 이런 말을 하는 자들이 있음.

· 교통도 불편하고 비적이 횡행하는 곳으로 들어가는 게 불안하다. 강 주변의 좋은 땅을 선정할 필요가 있다.

· 우리는 이민이다. 언제까지 경비를 맡아야 하나? 비적은 언제

까지 계속되느냐? 비적의 칼에 죽는 건 개죽음이다.

· 이민단은 척무성(拓務省) 것인가, 가토 씨 것인가, 아니면 관동군 것인가, 지린군(吉林軍) 것인가? 이민단이 군사지도원의 지휘를 받아야 하는 건가, 농사지도원의 명령에 따라야 하는 건가? 군인인가, 지방민인가, 일시적으로 국가의 보조를 위해 속박된 자인가? 우리의 장래가 불안하다.

· 일본 현역 군인과 같은 근무를 하면서도 조밥을 먹고 야식 배급도 못 받는다.

2. 다음과 같은 행위가 있음.

· 성문을 경비하는 위병이 통행자 신체검사를 할 때 재물을 강탈한다.

· 시계 같은 것을 시중에 내다 팔아 주색잡기 밑천으로 삼는다.

· 말이 통하지 않는다는 핑계로 노상에서 담뱃값을 덜 내거나 심한 경우에는 담배를 강탈한다(용돈을 탕진해 버린 자가 많음).

· 오리나 닭 같은 것을 훔쳐 와 막사에서 잡아먹는다.

· 이민의 앞날을 비관하는 선전적 언동을 일삼는다.

— 『만주 개척사』에서

이처럼 도미야의 메모에는 자무쓰에 도착해 두 달도 채 안 된 사이에 제1차 무장이민단에 불어닥친 위기 양상이 드러나 있다. 그냥 방치해 두면 안 되겠다고 보았는지, 입식지인 융펑전(永豊鎮)으로 선발대가 출발한 것은 1933년 2월 11일 기원절(紀元節)이었다. 이날을 택한 것은 가토 간지의 주장에 따른 것이었는데, 그 뒤 '만몽개척단 선발대'는 영하 40도나 되는 2월 11일에 입식하는 것이 관행이 되었다.

사실 선발대의 출발일에도 입식지는 결정되어 있지 않았다. 현지인인 화촨현(樺川縣) 지사 탕춘리(唐純禮), 지방민 대표 쑨더정(孫德增)과 둔간대장 이치가와 교헤이(市川恭平), 둔간대 고문 도미야 가네오, 네 사람의 명의로 된 「제1차 특별 이민 용지 의정서」가 조인된 것은 3월 28일이다. 먼저 무장이민단이 진주한 후 토지 취득 교섭을 하는 것이 도미야 방식이었다고 한다. 이리하여 하루 만에 모두 4만 5천 정보의 토지를 취득하기로 결정되었다. 그 내역은 아래와 같았다.

삼림지(입목지)	2만 5천 정보
초생지	2만 정보
방목 가능지	1만 정보
경작 가능지	1만 정보
경작 가능 미개간지	9,300정보
기경지	700정보
숙지(熟地)[4]	500정보

—『만주 개척사』에서

4 비옥한 경지.—옮긴이

그곳에 사는 400명의 주민에게는 입퇴료(立退料)로 1인당 5엔이 지불되었고, 4월 중에 현지 주민은 한 사람도 없는 상태가 되었다. 사유지로 인정된 기경지 1천 상(晌. 약 720정보)에 대해서만 1인당 1엔이라는 터무니없이 싼 토지 대금이 지불되었을 뿐, 융평진 일대 4만 5천 정보는 제1차 무장이민의 입식지가 되어 '이야사카촌(彌榮村)'으로 명칭이 바뀌었다.

지금까지 이야사카촌의 성립 과정을 좀 자세히 살펴본 까닭은, 바로 거기에서 만몽 개척촌 취득의 원형을 엿볼 수 있기 때문이다. 그해 7월에는 제2차 무장이민이 이야사카촌 서쪽에 입식하여 지부리촌(千振村)을 조성했는데, 이곳 또한 같은 수법으로 이루어졌다.

토지를 박탈당한 중국 농민들의 분노가 이야사카 · 지부리개척단을 겨냥하게 되는 것은 극히 자연스런 흐름이라 할 것이다. 1934년 3월 투룽산(土龍山) 사건이 일어났다. 전 지린성 사회과학원 일본연구소 소장 쑨찌우(孫繼武) 교수 등이 편찬한 『중국 농민이 증언하는 '만주 개척'의 실상』이라는 책에 실린 조사보고서를 통해 그 전말을 살펴보자.

압박이 있으면 반항이 있는 법. 1934년 3월 8일 투룽산 농민 항일 폭동 사건이 일어났다. 이미 2월 21일에 항일 자위군이 후난잉(湖南營)의 일본 무장이민단을 습격한 바 있었다. 3월 8일 이란현 투룽산 일대의 농민 2천여 명은 일본 '개척단'이 토지권리서와 총기류를 압류하는 데 저항하고자 보장(保長)인 쉐원둥(謝文東)과 칭젠칭(景振卿)의 지도 아래 무장 폭동을 일으켰다. 9일 그들은 타핑전(太平鎭) 경찰서를 공격해 점령하고 수십 명을 죽였다. 11일에는 타핑전의 시바이제구어둔(西白家溝屯)에 잠복해 있다가 일본군을 습격해 제10사단 63연대장 이즈카 아사고(飯塚朝吾) 대좌 및 스즈키(鈴木) 소위 이하 일본군 17명을 죽이고 26명을 포로로 잡는 한편 기관총 5정, 보병총 10여 정, 탄환 수천 발을 포획했다. 당시 국내외 신문은 모두 이 회심의 일대 뉴스를 보도했다. 12일 투룽산 농민 무장 세력은 반제허〔半截河. 지금의 셔우광(曙光) 농장의 일부〕에서 회의를 열고 '동북민중구국군'을 결성해 6개 대대를 편성했다. 4월 10일 그들은 다시 적극적으로 출격하여 멍자강(孟家崗)의 일본 무장이민단을 포위·공격했다. 5월 1일 후난잉의 일본 무장이민단을 또다시 습격했다. 격렬한 전투가 벌어져 폭동을 지도한 동북민중구국군의 전선 총지휘 칭젠칭이 불행히도 탄환을 맞아 희생되었다.

—『중국 농민이 증언하는 '만주 개척'의 실상』에서

현지 농민 2천 명이 쉐원둥의 인솔 아래 이야사카·지부리 두 개척단을 포위하고 개척단을 구출하기 위해 급파된 관동군 제10사단과 치른 격렬한 전투는 중국 내 신문에 신속히 전해졌고, 외신을 통해 해외에도 널리 알려졌다. 그러나 일본만은 엄격한 보도관제 탓에 거론조차 되지 않았다. 그후에 전개된 관동군의 철저한 파르티잔 섬멸 작전 역시 일본 국내에는 알려지지 않았다. 조사보고서로 돌아가서 그다음 항목을 보기로 하자.

이야기가 여기에 이르자, 우리 조사에 동행했던 또 한 사람의 동지가 재촉하듯 물었다. "일본 침략자는 그 뒤 상식을 벗어난 격한 보복으로 나오지 않았나요?" 그랬다. 그들은 자무쓰에서 기병을 파견해 이야사카개척단 수비대와 합류, 멍자강과 훠사우거우(火燒溝)로부터 반제허지구로 쇄도해 왔다. 도착하자마자 우선 지위엔둔(吉元屯)에서 사람을 죽이고 집을 불태웠으며, 잇달아 장얼뿌사(張二不傻)·마칭산(馬青山)·츠위허〔崔和. 지금의 차오양둔(朝陽屯)〕·왕떠화〔王德花. 지금의 뚜안지에둔(團結屯)〕·란스〔蘭四. 지금의 창부이펀둔(場部一分屯)〕 등의 마을에서 피의 세례를 벌였다. 불과 열 시간만에 비전투원 440여 명을 살해하고 200여 채의 가옥을 불사르고 가축 180여 마리를 죽였으며 식량 10만 킬로그램을 불태웠다. 어떤 마을에서는 주민 전체가 몰살되었다. 몇 사람은 고량밭에서 잔혹하게 살해되었다….

이것은 '이야사카촌'이 일으킨 반항의 불길이자 일본 침략자의 무장이민이 산장평원에 일으킨 일대 유혈 사건이었다. 이들의 피로 쓴 역사를 우리 가슴에 영원히 새겨 두자!

— 『중국 농민이 증언하는 '만주 개척'의 실상』에서

관동군이 '삼광작전(三光作戰)'을 벌여 게릴라 마을을 불사르고 다수의 현지 농민을 살해하면서까지 이야사카·지부리 무장이민의 광대한 입식지를 지켜 낸 것은 바로 산장성 200만 정보의 땅이 장래의 대소 전략상 양보할 수 없는 지역으로 간주되었기 때문이리라.

위에서 인용한 조사보고서의 제목인 「남겨진 사람들」은 '잔류 일본인'을 가리킨다. 나중에 살펴보듯이 이곳 산장성 일대는 만몽개척단이 집중적으로 송출되어 잔류 여성 · 고아가 가장 많이 남겨진 곳이다. 그들은 투룽산 사건이 마치 어제 일처럼 언급되는 가운데 부모와 조부모를 대신해서 그 죄책을 한 몸에 지고 기나긴 전후를 살아가야 했다.

요란한 선전으로 시작된 시험이민이라는 이름의 무장이민은 5년 동안 4차까지 송출된 인원이 1,785명으로 전사자 30명, 병사자 28명을 낳았다. 특히 퇴촌자(退村者) 404명이라는 숫자가 눈길을 끄는데, 이는 '둔간병(屯墾病)'이라 불리는 심리 상태에 내몰려 개척단을 떠나 버린 사람이 많았던 탓이다. 시험이민이라 불린 무장이민의 현실은 전반적으로 참담한 상태였다. 관동군은 '국책'이 빈약해서 이런 일이 생겼다면서 내부에 이민부를 설치했으며, 1934년 11월에는 수도 신징〔지금의 창춘(長春)〕에서 관동군 주최의 '대(對)만주 농업이민회의'를 소집하는 등 중앙에 손쓰기를 멈추지 않았다. 사이토 미노루(齋藤實) 내각이 총사직한 뒤 성립된 오카다 게이스케(岡田啓介) 내각의 대장성 장관으로 '만몽 개척'의 천적(天敵)이라고 할 다카하시 고레키요가 복귀한 것도 그들을 자극한 게 분명하다.

시험이민 제4차 모집 요항에는 "재향군인, 부양가족이 적은 자, 30세 이하, 독신자"라는 표현이 사라지고 대신 "가급적 기혼자로 하며 노동에 견딜 수 있고 가족이 많아도 괜찮다"고 되어 있는데, 이를 보면 만몽개척계획에 대한 관동군의 이미지가 변질되었음을 알 수 있다.

시험이민 5개년계획이 끝나는 1936년에 대비해서 관동군 내부에 새로운 국책으로 '만몽개척계획안'이 만들어지고 있었음이 확실하다. 불과 500명의 시험이민조차 승인하지 않으려 한 이누카이 내각이 수상 암살을 불러일으킨 것을 생각하면, 다시 천적 같은 다카하시를 대장성 장관에 앉힌 오카다 내각에도 불길한 바람이 불어오기 시작했다. 2·26 사건이 일어난 것은 1936년 2월 26일 밤부터 내리기 시작한 눈이 도쿄 시내를 수북이 덮은 새벽녘이었다.

'20개년 100만 호' 이주 계획

그날 아침 내가 살던 신슈(信州)에도 밤새 눈이 소리 없이 내려 쌓인 눈의 무게를 견디지 못한 소나무 가지들은 집을 덮을 듯 휘어져 있었다. 폭설이 내린 아침은 원래 적막한 법인데, 나는 아래층에서 들려온 라디오 소리에 눈을 뜬 것 같다. 응접실로 내려가 보니 부모님과 형제들이 라디오 앞에 둘러앉아 묵묵히 방송에 귀를 기울이고 있었다. 2・26 사건날 아침의 이상한 광경이다. 아직 다섯 살도 안 되어서 사건의 의미 같은 것은 알 도리가 없었지만, 아버지는 상경해 있던 형의 간다(神田) 하숙집에 전화가 계속 걸리지 않아 안절부절못하고 계셨다.

저녁이 되어서야 간신히 연결된 전화로 다카하시 고레키요라는 사람이 죽은 것 같다는 소식을 가족들이 나누는 대화 속에서 전해 듣게 되었다.

2・26 사건은 내게는 최초의 '사회적 기억'이고, 다카하시 고레키요라는 이름은 내 머릿속에 새겨진 최초의 '정치가' 이름이다. '미스터 달마(達磨)'라는 별명을 가진 82세 노장 대장성 장관의 퉁퉁한 몸에 여섯 발의 총탄이 박혀 있었다든가 청년 장교 일부의 관동군 전출이 결정되어 있었다는 사실은 물론 나중에 알게 된 것이지만, 미스터 달마의 죽음을 계기로 만주개척계획이 마치 언덕에서 굴러 내리는 '눈사람'〔일본어로 '유키달마'〕처럼 점점 커져 간 경과를 여기에서 기억해 두려 한다.

도쿄에 계엄령이 내려지고 간다의 히토쓰바시(一ッ橋)에 계엄 사령부가 설치된 지 얼마 안 된 3월 6일, 사령부에서 엎어지면 코 닿을 거리인 간다 학사회관(學士會館)에서 '만주 이민을 말한다'라는 모임이 열렸다. 여기에서 가토 간지와 농림성 및 척무성 관계자들이 한 발언이 의사록으로 남아 있다. 우선 가토는 남미(南美) 이민에는 힘을 쏟으면서도 만주 이민에는 거의 비협조적인 척무성 관료들에게 이렇게 울분을 토로한다.

가토 … 당신들은 누구도 이민이 많기를 바라지 않는 사람은 없다고 말하지만, 그건 엄청난 인식 부족입니다. 자본가는 이민을 싫어합니다. 중국인 막노동자의 값싼 임금으로 사업을 하면 좋겠다는 이기주의자밖에 없지요. 다카하시 씨가 그 대장 격일까요. … 이번 사건도 그런 데에 큰 원인이 있다고 생각합니다. 육군 군인이 다카하시 씨를 죽인 것도, 다카하시 씨가 자본가의 대변자였기 때문입니다. …(현지 사정을) 알 수 없으니 조사가 먼저라고 말하면 그 사이에 이민 열기는 수그러들어 버린다, 그러니까 우선은 계속해서 보내자고 하는 것이 일본 국민의 신념이라고 생각하고 싶습니다. 그 희망을 달성하기 위해서라면 **방해하는 자는 그 누구든 죽인다** …(강조점은 인용자).[5]

이 회의는 일주일 전에 일어난 쟁란을 역이용해 당시 막다른 골목에 처해 있던 '무장이민'의 애로를 단숨에 돌파하고자 개최된 듯한 느낌이 든다.

농산어촌 경제갱생계획에는 아직 만주개척계획이 포함되어 있지 않다고 공언하는 농림성 담당자가 만주 개척의 토지 문제를 캐묻는 장면이 있다.

다나카 토지는요?

5 山田昭次 編, 『近代民衆の記録 6 満州移民』.

가토 토지 문제는 1반(反)당 1엔이나 2엔으로 구입할 수 있는 곳이 많습니다. 그보다 비싸면 안 되지 않느냐는 말도 들립니다만, 그런 얘기만 하고 있으면 끝이 없어요. 나는 독특한 사고로 착착 해나가면 좋다고 생각합니다. 지나인이나 조선인은 누구의 토지다 뭐다 말하지 않고 착착 들어와서 삽니다. 그런 인간이 많은 곳이라서 이건 누구의 토지이고 얼마냐고 따지며 우물쭈물하고 있으면 뒤처지고 말지요. 제1차 자위이민의 경우도 입식하고 난 뒤 토지를 사들인 식이지 처음부터 사들이고 입식한 게 아닙니다. 토지 주인이 누군지도 모르는 곳입니다. 어쨌든 일본인이 가지 않으면 조선인이나 지나인에게 빼앗겨 버리기 때문에 그런 배짱으로….

다나카 마치 도둑놈 같군요(웃음).

가토 저쪽은 일본 내지와는 사정이 다릅니다. 그런 식으로 말하면 전쟁은 안 된다는 말이 되는데, 전쟁은 왕도둑이죠, 살인까지 하니까….

다나카 도둑놈 두목 같은 자들이죠(웃음).

의사록을 보면 농림성은 이 시기까지 만주 개척에 대해 엉거주춤한 태도였던 것 같다. 메이지 초기에 홋카이도[北海道. 에조치(蝦夷地)]로 보낸 둔전병이 겪은 악전고투의 역사가 트라우마로 남아 있었던 것도 작용했으리라. 그 홋카이도보다 훨씬 혹독한 '북만주'로 일본 농민을 송출한다는 것은 논의할 가치조차 없다고 생각한 게 당연하다. 가토 간지의 이야기는 아무래도 '개척'과는 다른 것이었다.

"도둑놈 두목 같은 자들이죠"라는 농림성 담당자의 중얼거림은 웃음을 자아낸 것 같은데, 그것이 본심에 가까운 감상이고 문제의 본질을 찌른 것이었을 테지만, 회의 분위기는 본질론을 심화하는 식은 아니었다.

북만주에서 투룽산 사건 이래 '치본공작(治本工作)'이라는 작전이 진행되고 있었다는 사실은 내지에서 터부시되었고, 가토 역시 그런 말은 입 밖으로 내지 않았다. 당시 관동군 참모이던 쓰지 마사노부(辻政信)는 나중에 이렇게 기록했다.

> 치본공작이란 산간에 흩어져 있는 농가를 한곳에 모아 수십 또는 수백 채의 집단부락을 만들어 흙으로 쌓은 보루와 벽을 세우고 자경단을 배치했으며, 이 부락들을 연결하는 경비 도로와 경비 통신망을 완비했던 것이다. 어떤 부락이 비적의 습격을 받은 사실이 알려지면 일본군과 만주국군이 정비된 통신망과 도로망을 이용해 신속히 응원을 가서 토벌한다. 이리하여 비적의 근거지를 차례차례 좁혀 나가 포위망을 압축하면 흩어진 농가를 유일한 식량 보급 수단으로 삼아 온 비적은 마침내 비명을 지르게 된다.[6]

관동군의 치본공작은 현지 농민을 흙 보루 안에 가두어 버리

---

6 辻政信, 『ノモンハン秘史』, 原書房, 1967.

는 것이었다. 가토의 구상은 보루 주변에 생겨난 기경지를 포함한 광대한 토지로 이민을 송출하는 것이지 황무지를 개척하는 것이 아님을 농림성 관료들에게 넌지시 전달하려는 데 있었는지도 모른다.

농산어촌 경제갱생계획이 이렇다 할 효과를 거두지 못하고 있을 때라 가토의 주장에 그들의 마음이 동요되었는지 알 수는 없지만, 그로부터 2개월 뒤인 5월 11일 「만주농업이민 100만 호 이주계획」이 관동군에 의해 발표되었다.

몇 년 동안이나 준비해 온 계획을 발표하는 데에는 타이밍이 중요했다. 2 · 26 사건의 충격이 채 가시지 않은 때, 국민의 눈을 유례없는 군의 위기로부터 돌리는 효과까지 노리고 있었던 게 분명하다.

만주농업이민 100만 호 이주계획

(1936년 5월 11일 관동군 사령부)

1. 목표

만주에 대한 내지인 농업 이민은 대략 20개년 동안 약 100만 호(500만 명)를 목표로 입식시키기로 한다.

2. 이민 요원(要員)

이민 요원은 일본 내지의 농산어촌 상태 등을 고려하여 사상이 견실하고 신체가 강건한 자로 선정하기로 한다.

3. 이민 용지

(1) 이민 용지는 국토 개발 · 국방적 요구 · 교통 · 치안 · 경작물 등의 관계를 고려하여 선정하며, 주로 만주국 정부에서 이를 정비하기로 한다.

(2) 이민 용지로서 다음과 같은 용지를 우선적으로 충당하고 선주민에게 악영향을 끼치지 않게 고려하도록 힘쓰기로 한다.

① 국유지(몰수지 포함)

② 공유지

③ 지주가 불분명한 토지

④ 기타 미(未)이용지

(3) 이민 용지의 예정 지역과 면적은 대략 다음과 같다.

① 산장성(三江省) 지대	300만 정보
② 소흥안령(小興安嶺) 남부 산록 지대	100만 정보
③ 치치하얼(齋齋哈爾) 이북 송화강 상류 지대	200만 정보
④ 헤이허(黑河) 아이훈(瑷琿) 지방	50만 정보
⑤ 구(舊) 북철(北鐵) 동부선 지대	20만 정보
⑥ 징투선(京圖線) 및 라빈선(拉濱線) 지대	80만 정보
⑦ 따쩡선(大鄭線) 지대	50만 정보
⑧ 요하(遼河) 하류 지대	50만 정보
⑨ 타오쑤어선(洮索線) 지대	50만 정보
⑩ 산허(三河) 지대	50만 정보
⑪ 시랴오허(西遼河) 상류 지대	50만 정보

합계	1천만 정보

4. 이민 구분

이민은 정부가 전폭적인 보조를 직접 운영하는 이민(갑종 이민)과 정부 보조가 적고 주로 민간이 운영하는 이민(을종 이민)의 두 종류로 대략 구분한다.

5. 이민 입식

(1) 갑종 이민과 을종 이민의 배치는 이민지의 상태 및 농업 경영 상태에 따라 달라야 하지만, 원칙적으로 갑종 이민을 요소에 배치하여 을종 이민의 입식을 용이하게 한다.

(2) 이민은 편의상 5개년을 1기로 하고, 갑종 이민과 을종 이민을 적당한 비율로 대략 다음과 같이 입식시킬 예정이다.

제1기	10만 호
제2기	20만 호
제3기	30만 호
제4기	40만 호
합계	100만 호

6. 이민 조성

이하 생략

— 『만주 개척사』에서

일본 내지의 경작 면적을 600만 정보로 가정하고 1천만 정보의 방대한 토지에 20년간 농가 100만 호를 이주시킨다는, 허풍과도 같은 이 계획은 정상적인 눈으로 보면 몽상이나 망상이라 해야 마땅할 것이다. 계획 자체에 '개척'이라는 말 대신 '이민'을 사용하고 있는 것부터 행간에 온갖 모순이 숨겨져 있었다. 하지만 쇼와공황의 충격을 받아 경제갱생촌이 되어 부채와 곤궁에 신음하던 농산어촌의 마을 주민들에게 그것은 한 줄기 서광으로 비쳤으리라는 것은 상상하기 어렵지 않다.

1천만 정보에 달하는 이민 예정지가 어떻게 준비되었는지, 물론 그것은 이민을 희망하는 사람들에게는 숨겨진 채였다. 이제 내가 갖고 있는 1939년 작성된 「만주 개척 관계도」를 펼쳐 보면 '100만 호 이주계획'이 품고 있던 의도가 어렴풋하게 드러나는데, 만주국 흥농부(興農部)가 만든 극비 자료에는 그 의도가 이렇게 명시되어 있다.

> 개척 제1선 지대 : 주로 관동군에 대한 병참기지, 노동력 공급원, 군마(軍馬) 공급원, 병력 공급원, 숙영(宿營) 거점
>
> 개척 제2선 지대 : '비적 · 민간인' 분리의 장벽, 국내 치안의 방벽
>
> 개척 제3선 지대 : 만철 연선, 중요 하천, 중공업 지대 주변의 방벽

관동군은 '만주농업이민 100만 호 계획'을 발표한 다음날인 5월 12일 덕왕(德王)을 추대하여 내몽골에 군사정부를 조직했다. 이로써 만주개척단은 필연적으로 만몽개척단으로 변모하게 되지만, 그런 내막 역시 '내지'에는 선해지지 않았다.

2 · 26 사건에 따른 계엄령 아래 붕괴된 오카다 내각을 대신하여 등장한 히로타(廣田) 내각은 8월 25일 7대 국책을 결정하는데, 관동군의 100만 호 이주계획은 그대로 이 국책의 기둥 가운데 하나로 편입되었다.

만몽개척단의 그 누구도 관동군이야말로 재만(在滿) 일본인을 방위하는 방패임을 최후까지 의심하지 않았지만, 그저 똑같이 주어진 10정보의 비옥한 토지를 대가로, 만주국 흥농부의 극비 자료에 기록된 역할을 담당하게 되었다는 사실을 눈치 챈 사람은 없었다고 해도 좋을 것이다.

분촌 이민의 광고탑

관동군과 척무성 등의 손으로 작성된 부속 문서를 포함해서 100만 호 이주계획의 요점을 살펴보면, 이민의 입식은 5개년을 1기로 하여 제1기 10만 호(1937~1941), 제2기 20만 호(1942~1946), 제3기 30만 호(1947~1951), 제4기 40만 호(1952~1956), 이렇게 20년에 걸쳐 100만 호의 이주가 끝나게 되어 있었다. 척무성의 설명은 다음과 같다.

> 현재(1936) 만주국의 인구는 대략 3천만 명인데 20년 뒤에는 5천만 명에 달할 것이다. 그때에 1할인 500만 명의 일본 내지인을

만주에 부식하여 민족협화(民族協和)의 중핵으로 만든다면 우리의 대만주 정책의 목적은 자연히 달성될 것이다. 500만 명을 부식하려면 1호당 5인 가족으로 100만 호가 필요하다. 여기에서 100만 호 이민이 유래한 것이다.[7]

그리고 촌락의 구성으로서는, 동향(同鄕)에서 모집한 집단 이민은 경영주를 합하여 1호 4명(2명은 자녀)으로 대개 30호를 한 부락으로 하고, 10개 부락(300호)을 한 촌으로 구성하는 것을 표준으로 삼았다. 따라서 한 촌의 표준 인구는 1,200명 정도로 상정되었다. 동향을 원칙으로 했기 때문에 촌별로 단(團)이 가능할 경우는 '분촌 계획'이 되고, 군(郡) 단위로 만들어질 경우는 '분향 계획'이 되는 형태로 개척단은 차례차례 송출되어 나간다.

내가 태어난 향리 나가노현은 전국에서 가장 먼저 이미 시험이민 시대에 현 단위의 '만주 시나노촌(信濃村) 건설' 운동 등이 추진되고 있었는데, 100만 호 이주계획이 히로타 내각에 의해 국책으로 된 것을 계기로 분촌 · 분향 운동에 불이 붙는 결과가 되었고, 마침내 전국 제일의 만몽개척단 송출 현으로 도약해 나가게 되었다.

2 · 26 사건 소식을 라디오에서 들은 것이 내 사회적 기억의 시작이라고 말했지만, 취학 연령이 가까워 오면서 어렴풋하게나

---

7 滿洲開拓史復刊委員會 編, 『滿洲開拓史』(增補版), 全國拓友協議會, 1980.

마 자신이 사는 곳의 모습이 기억에 새겨지게 되었다. 내가 태어나고 자란 곳은 나가노현 미나미사쿠군 우스타초(南佐久郡臼田町. 지금의 사쿠시)이다. 도심 동쪽에는 실개천에서 차츰 폭이 넓어진 지쿠마강(千曲川)[8]이 북쪽으로 흐르고 있었는데, 인구 7천 명 정도 되는 반농반상(半農半商)의 도심 한가운데에는 군청 · 영림서(營林署) · 경찰서 등이 있었다. 도심 위쪽에는 커다란 누에고치 창고, 아래쪽에는 오래된 제사장(製絲場)이 남아 있어서 이 고장이 다이쇼(大正) 말기까지 누에고치 집산지로서 무척 흥청거렸음을 엿볼 수 있다.

시내를 벗어나 지쿠마강 남쪽으로 거슬러 오르면, 몇 갈래 지천(支川)이 좌우 산간에서 지쿠마강으로 흘러든다. 그 지천을 따라 형성된 마을들이 산간 지대의 밭에 뽕나무를 심고 양잠을 생업으로 삼는, 누에고치의 일대 생산지를 이루었다. 메이지 말기에 이 부근을 답사한 야나기타 구니오(柳田國男)는 단일 작물 생산의 위험성을 글로 남긴 바 있지만, 농정(農政)의 무대책과 군비 확장의 흐름은 액셀레이터가 되었지 브레이크가 되지는 못했다. 다이쇼 시기에 1관(3.75킬로그램)당 15엔이라는 고가로 거래되던 누에고치 가격이 쇼와 시기에 접어들어 1관당 2엔 이하로 폭락해버린 농촌 공황 앞에서 지쿠마강 상류 지역의 산간 마을들은 엄청난 부채에 시달렸다.

---

8 시나노강(信濃川)을 나가노현에서 부르는 명칭.—옮긴이

누에고치 집산지들도 예외가 아니어서 내 기억에는 커다란 누에고치 창고 주위에 있던 홍등(紅燈)이 삽시간에 꺼지고 활기를 잃어 잠에 빠진 듯한 마을로 새겨졌다. 지쿠마강 상류의 오히나타촌이라는 이름을 알게 된 것은 초등학교에 막 들어갈 무렵의 희미한 기억인지라, 지방 신문인 『시나노마이니치신문』의 1934년 10월 축쇄판으로 추적해 보기로 하자.

> 체납으로 수입 없어 / 관리 전원 사직 / 오 히 나 타 촌 사무소에 병사계(兵事係) 단 한 명 / 촌장 현청으로 가서 지시를 기다려[9]

이 같은 표제에 이어 혼란의 배경을 다음과 같이 전하고 있다.

> 이번 총사직의 원인은 (촌 세금) 체납에 의한 궁핍 때문에 각종 자금을 교원 급여 지불 등에 유용하여 전혀 수습할 수 없는 딜레마에 빠졌기 때문인 것으로 보인다. 개혁을 표방하고 있는 강경파 그룹이 촌 행정 실태를 철저히 폭로하라고 수시로 협의 중이어서 조만간 촌 행정의 문란이 표면화되면서 중대 문제가 야기될 것으로 보인다.

며칠 뒤에는 다음과 같은 후속 보도가 게재되었다.

---

9 『信濃每日新聞』 1934. 10. 6.

오히나타촌 직무 관장 결정

미나미사쿠군 오히나타촌에서는 촌장, 부촌장, 회계가 모두 결원이 되었기 때문에 본 현 지방과에서는 8일 오후 현속(縣屬) 다케무라 료지(竹村亮治) 씨에게 직무 관장을 맡기기로 하고 발령을 내렸다.[10]

이 기사를 보면, 파산한 마을에는 현청에서 곧바로 관재인(管財人)을 파견한 것을 알 수 있다. 당시 농촌 공황 때문에 허덕이던 농산어촌에 국가는 「경제갱생법」이라는 법률을 적용해 엄격히 대처하고 있었는데, 그것이 오히나타촌에서도 발생한 것이다. 당시의 신문을 더 살펴보면, 해가 바뀌자마자 전 촌장이 공문서 위조와 공금횡령 혐의로 검거되고 촌의원 10명이 사표를 내는 사태로 발전했음을 알 수 있다.

노인들 중에는 꼭 50년 전인 메이지 17년(1884) 이 마을에 '지치부(秩父) 폭도' 일단이 쳐들어온 것을 기억하고 있는 사람이 있었을 게 분명하다. 촌 제일의 재력가인 아사카와(淺川) 집안의 창고에 새겨진 예리한 도끼 자국이 그 당시의 것이었다.

마을을 어떻게 재건하면 좋을까? 아사카와 집안의 장손 다케마로(武磨) 씨는 와세다대학을 졸업한 뒤 도쿄에서 회사에 다니고 있었다. 마을 사람 중에는 아사카와 다케마로를 고노에 후미마로(近衛文磨) 공작에 빗댄 사람도 있었을지 모른다. 일찍이 아

10 『信濃每日新聞』 1934. 10. 9.

사카와가에 봉공(奉公)하며 다케짱을 업어 준 적이 있는 산업조합 전무 호리카와 기요미(堀川清躬)가 촌민의 기대를 모아 아사카와 다케마로 추대에 나서 마침내 성공을 거두었다. 이로써 촌장 아사카와 다케마로와 산업조합 전무 호리카와 기요미 콤비가 생겨나, 오히나타촌 경제갱생위원회가 드디어 태동했다.

촌사무소, 농회(農會), 산업조합, 학교로 조직된 '4인방 회의'가 경제갱생위원회의 집행부가 되어 누쿠이강(抜井川)을 따라 동서 십몇 킬로미터쯤 뻗은 길쭉한 마을을 5개로 나누었다. 부락마다 16개의 농사실행조합이 조직되고 말단 부락에는 고닌구미(五人組)가 만들어졌다. 거기에는 촌 재건의 열기가 느껴지지만, 한 걸음만 헛디디면 말조심을 하느라 침묵을 지키는 '촌 파시즘'으로 통하게 될 일말의 우려가 없지는 않았다.

마을의 경제갱생위원회가 움직인 지 반년이 안 되었을 때 2 · 26 사건이 일어났다. 이 마을도 깊은 눈에 잠겨 있던 아침의 일이다. 물론 계엄사령부 바로 옆 건물에서 가토 간지가 척무성과 농림성 관계자 앞에서 만몽 개척에 대해 열변을 토했다는 사실은 알려져 있지 않지만, 그로부터 반년 뒤 국책이 된 100만 호 이주계획이 갑작스레 촌민들이 어찌 피해 볼 도리도 없는 형태로 제시된 것은 1937년 3월 20일이다. "촌 · 정 재건에 대해서는 만주로의 분촌을 실시하는 것 말고는 근본적 해결책이 없다"는 것이 위원회의 결론이 되어, 33명의 위원 사이에 다음과 같은 서약이 이루어졌다.

"오히나타촌 경제 갱생의 중대 계획인 만주국으로의 대집단 이식을 실행함에 있어서 예정 호수 150호에 달하지 못할 경우, 우리 경제갱생위원은 솔선수범 이민단의 일원으로 만주로 건너가 새로이 분촌을 설립하여 본촌의 경제 갱생에 진력할 것임을 다음과 같이 기명 서약합니다."

약간 고리타분한 성명서지만, 우격다짐식의 강한 어조가 촌민의 입을 다물게 했을 것임은 상상하기 어렵지 않다. 촌의 호수 406호, 인구 1,625명, 1호당 경지 약 8반(反), 1호당 부채 1,200엔 등의 숫자를 보면, 반대하는 사람의 목소리는 절로 낮아진다. 반대의 목소리는 오히려 자산가 중에 많다며 입을 봉쇄하기도 했다. "만주로 건너가면 1호당 20정보의 토지가 기다리고 있다"는 국가의 호명에는 무엇보다 저항하기 힘든 매력이 있었다.

그러나 한편으로는 겨우 공황에서 호황으로 바뀔 징조가 나타나는 게 아닌가. 굳이 "만주까지 건너가지 않더라도 가까이에 노베야마(野邊山) 고원이나 아사마(淺間) 산록의 토지가 있지 않은가", "고향 오히나타촌에는 다케다 신겐(武田信玄) 이래의 광산도 있으니 곧 재개발될지도 모른다." 이런 목소리는 앞의 서약서의 강한 어조 앞에서는 얼어붙어 버렸을 것이다.

산업조합 전무이사인 호리카와 기요미가 오히나타촌 분촌 개척단 단장으로 추대되었을 때, 그 '실행력, 명석한 두뇌, 성실한 인품'이 사람들의 결단을 손쉽게 만들었다.

"기요미 씨가 간다면 우리도 따라가 봐야겠지?"

이런 소리가 들리고 마치 물이 높은 곳에서 낮은 곳으로 흐르듯 오히나타촌 분촌 계획은 착착 진행되었다. '만주 오히나타촌 분촌' 건설을 향해 선발대가 출발한 것은 1937년 7월 8일이다. 그것은 기이하게도 베이징 교외의 루커우차우에서 선전포고 없는 장기전의 총구가 불을 뿜은 바로 다음날의 일이었다.

모델 분촌으로서 전국의 선두에 서서 손을 들게 된 오히나타촌 분촌은 의도적으로였는지 소만 국경에서 멀리 떨어진 지린성 쑤란현 스자팡(舒蘭縣 四家房)이라는 치안이 비교적 안정된 땅으로 배치되었다. 만주국의 수도 신징에서 기차로 여덟 시간, 성도(省都) 지린과 하얼빈에서는 좀 더 빨리 당도하는 편리함을 갖추고 있었다.

새까만 비옥한 경지는 비료도 필요 없는 좋은 땅이라 파종만 하면 가을에는 무든 메밀이든 충분히 수확할 수 있었다. '우리는 개척단이 아니잖아' 하고 의문을 품은 자는 없었다. "전후에 귀환해서야 아사마 산록에서 처음 개간의 어려움을 알게 되었죠"라고 오히나타촌 분촌 사람들은 말한다. 선발대의 임시 거처는 선주민이 쓰던 빈집을 약간 손보아 제공되었다. 거기에 대해 당시의 일본인 이민은 아무런 의심도 품지 않은 것일까? 과연 현지에 간 단장 호리카와 기요미는 본촌으로 보낸 보고서에 "마을에서 쫓겨난 만인(滿人)들을 생각하면 어찌 눈물 한 방울 없을 리 있겠소"라고 적고 있다. 그 눈물은 선조의 묘까지 처분하고 바다를 건널 입장에 처해 있던 이들의 눈에서 나온 것임이 틀림없지만, "없을 리 있겠소"라는 애매한 말끝에는 마지못해 침략의 첨병이 된 자의 마음의 동요가 엿보이는 건 아닐까?

교통이 편리한 오히나타촌 분촌에는 견학자가 끊임없이 찾아왔다. 농민문학의 신예 작가인 와다 덴(和田傳)은 기무라(木村) 분촌에 몇 번이나 찾아가 소설 『오히나타촌』[11]을 써서 베스트셀러가 되었는데, 보아야 할 것을 분명히 써넣은 것이라고 할 수는 없다. 시대에 아첨하는 부분이 오히려 연극이나 영화로까지 받아들여져서, 소설 『오히나타촌』에 의해 '만주 오히나타촌'은 분촌운동의 광고탑 역할을 담당하게 되어 간다.

나가노현에서 오히나타촌의 뒤를 이어 촌을 둘로 나누어 송출된 '분촌 개척단'은 다음 〈표 1〉과 같다.

이 일람표를 보면 눈치 챌 수 있는 것이 몇 가지 있다. 오히나타촌 분촌의 뒤를 잇듯이 입식한 여섯 마을은 겨우 하나의 '촌'을 형성하기에 족한 호수를 가지고 이주했음에도 불구하고, 이제 모델 분촌과 같은 달콤한 말은 없어지고 입식지는 종래 항일게릴라가 빈발하던 지역이다. 입식식(入植式)이 엄동설한인 2월 11일 기원절 날로 정해진 것은 '개척의 아버지' 가토 간지의 신념에 따른 것이었지만, 결국 농민들의 불평을 산 때문인지 3~4월로 바뀌게 되었던 모양이다.

촌 하나를 구성할 수 있을 만한 호수의 분촌은 거기까지였음

---

11 和田傳, 『大一向村』, 朝日新聞社, 1939.

〈표 1〉 나가노현 송출 분촌 개척단 일람

촌 이름	입식지	입식식 일자	호수	인원
오히나타촌(大日向村)	吉林省 四家房	1938. 2. 19.	216	796
후지미촌(富士見村)	濱江省 王家屯	1939. 2. 11.	185	935
가와지촌(川路村)	濱江省 老石房	1939. 2. 11.	134	557
야스오카촌(泰阜村)	三江省 大八房	1939. 2. 11.	219	1,067
요미카키촌(讀書村)	三江省 公心集	1939. 3. 1.	154	722
지요촌(千代村)	三江省 窪丹崗	1939. 2. 11.	109	465
가미히사카타촌(上久堅村)	北安省 南陽屯	1939. 3. 3.	169	811
이나토미촌(伊那富村)	北安省 南陽屯	1941. 4. 3.	45	182
오치아이촌(落合村)	北安省 東和屯	1942. 4. 20.	93	202
나라카와촌(楢川村)	濱江省 蘭花屯	1944. 3. 18.	41	188
가와노촌(河野村)	新京特別勸農區 石碑	1944. 8. 13.	24	95
미타카촌(三岳村)	三江省 田錄屯	1945. 5. 8.	30	30

* 출전 : 『나가노현 만주 개척사』.

을 알 수 있다. 이미 내지에서는 빨간 종이(소집영장)가 와서 전쟁터로 가는 청년과 군수공장으로 흘러드는 노동력이 많아져, 2년 뒤인 1941년이 되면 촌을 둘로 나누는 분촌 방식이 한계에 도달하고 있는 것이 호수에 나타나고 있다. 100호에도 못 미치는 이나토미촌(伊那富村), 오치아이촌(落合村)이 한정 없이 소만 국경에 가까운 곳으로 입식해 들어가는 모습은 '유배(流配)'라는 말을 상기시킨다. 1944년 여름, 가와노촌(河野村) 분촌은 관동군 사령부가 있는 신징에 야채를 공급하기 위해 신징 특별 권농구(勸農區)로 배치되었다. 그리고 최후의 미타카촌(三岳村) 분촌의 선발대 30명이 산장성 티엔루둔(田錄屯)에 도착한 것은 1945년 5월 패전을 3개월 앞둔 때의 일로, 주거도 안정되지 못한 채 패전을 맞아 혼란의 와중에 도피 행렬에 나서게 되는 형국이었다.

분향 개척단의 비극

중세 이래 산간에 서서히 성립되어 온 자연촌을 인구 과잉을 이유로 둘로 나눈다는 분촌 계획은 애초부터 지역사회에 긴장과 혼란을 불러일으킬 것이 예측되었다. 그렇기 때문에 나가노현은 군 단위로 확대하여 '분향(分鄕) 개척단' 송출을 상호 경쟁시킬 방침을 분촌 방식과 병행해서 채용했다.

분촌 방식은 주로 촌 하나를 중심으로 구성되고 전체 구성원 가운데 다른 촌의 친척이 가족으로 참가하는 경우가 있었지만, 대개 안면이 있는 사람들이었기 때문에 통합하는 데에는 문제가 없었을 것이다. 이와는 달리 분향 방식은 여러 개 촌의 혼성 여단이었다. 아마도 전체 구성원 확정 때문이었는지 (촌이 아니라) 정(町)이나 시(市) 출신자도 참가하고 있다. 전쟁이 태평양까지 확대되어 감에 따라 출정하는 자가 많아지는 한편, 도시에서는 기업 정리라는 명목으로 실업이 발생했기 때문에 자영업자 등도 참가할 수밖에 없던 것이 분명하다. 도쿄의 에바라(荏原) 상점가의 폐업자들을 중심으로 송출된 에바라개척단이 떠오른다.

나가노현에서는 1939년 2월에 송출된 다테시나향(蓼科鄕. 기타

사쿠군 주체)개척단, 시모이나향(下伊那鄕. 시모이나군, 4분촌 외 전역)개척단을 1진으로 해서 1944년까지 실로 24개 분향 개척단이 소만 국경 지대로 송출되었는데, 그 실태는 〈표 2〉에 숫자로 제시했으니 참조하기 바란다.

가장 비참한 결말을 본 것이 고샤향(高社鄕), 사라시나향(更級鄕), 하니시나향(埴科鄕) 세 개척단이었다는 사실은 표의 숫자를 보면 바로 알 수 있다. 고샤향은 172호 716명이 송출되었으나, 싹쓸이 동원 등에 의해 군대로 소집당해 패전 시 개척단에는 노인 · 여성 · 아동 632명이 남아 있었다. 그중에서 무사히 귀환할 수 있었던 인원은 불과 56명으로, 현지에서 목숨을 잃은 자가 556명, 현지에 잔류한 여성과 아동이 11명, 행방불명 9명이었다. 사라시나향의 경우에는 119호 495명이 송출되었는데, 64명이 군에 소집되어 패전 시 개척단 재적자는 407명이었다. 그중 383명이 사망하고 무사 귀환할 수 있던 것은 불과 19명, 잔류한 여성과 아동이 5명이었다. 사라시나향과 인접한 하니시나향도 비극적이었다. 91호 308명이 송출되었지만 59명이 군에 소집되고 229명이 재적했으나, 그 가운데 사망자는 199명, 귀국할 수 있던 자는 불과 17명, 그리고 13명의 여성과 아동이 현지 주민의 도움을 받아 잔류할 수밖에 없게 되었음을 숫자로 알 수 있다.

『나가노현 만주 개척사』(총편, 각 단 편, 명부 편 전 3권)가 완성된 것은 1984년으로, '중국 잔류 일본인 고아'의 일본 방문 신원 조사가 개시된 직후의 일이라 나는 책을 바로 입수했다. 제3권 명

〈표 2〉 나가노현 송출 분향 개척단 일람[12]

송출 연월일	개척단 명칭	호수 (호)	총인원 (명)	출정 (명)	종전 시 개척단 재적자(명)	귀환 (명)	사망 (명)	잔류 (명)	불명 (명)
1939. 2. 11.	다테시나향(蓼科鄕)〔기타사쿠군(北佐久郡)〕	136	569	105	452	115	301	35	1
1939. 2. 11.	시모이나향(下伊那鄕)〔시모이나군(下伊那郡)〕	195	970	131	819	407	381	22	9
1940. 2. 11.	다이몬촌(大門村)〔지이사가타군(小縣郡)〕	171	715	116	499	176	299	24	
1940. 2. 11.	고샤향(高社鄕)〔시모타카이군(下高井郡)〕	172	716	76	632	56	556	11	9
1940. 2. 11.	시모미노치향(下水內鄕)〔시모미노치군(下水內郡)〕	148	619	108	499	115	341	40	3
1940. 2. 11.	사라시나향(更級鄕)〔사라시나군(更級郡)〕	119	495	64	407	19	383	5	
1940. 2. 15.	후요향(芙蓉鄕)〔히가시치쿠마군(東筑摩郡)〕	92	390	45	319	155	154	6	4
1940. 4. 17.	지쿠마향(千曲鄕)〔미나미사쿠군(南佐久郡)〕	133	573	47	498	183	294	20	1
1941. 2. 11.	야쓰가타케향(八ヶ岳鄕)〔스와군시(諏訪郡市)〕	219	746	93	554	278	269	6	1
1941. 2. 11.	하니시나향(埴科鄕)〔하니시나군(埴科郡)〕	91	308	59	229	17	199	13	
1941. 2. 24.	구로히메향(黑姬鄕)〔가미미노치군(上水內郡)〕	48	166	20	136	26	92	18	
1941. 7. 16.	고모로향(小諸鄕)(기타사쿠군)	51	253	34	211	174	36	1	
1941. 4. 29.	지이사가타향(小縣鄕)(지이사가타군)	93	385	54	326	131	187	7	1
1941. 5. 20.	다이이치키소향(第一木曾鄕)〔기소군(木曾郡)〕	63	114	31	80	24	52	3	1
1942. 2. 23.	가미타카이향(上高井鄕)〔가미타카이군(上高井郡)〕	68	204	36	161	62	86	3	10
1942. 2. 23.	미나미아즈미향(南安曇鄕)〔미나미아즈미군(南安曇郡)〕	53	154	37	113	27	82	4	
1942. 4. 10.	미부향(三峯鄕)〔다카토마치(高遠町) 중심〕	72	294	29	260	136	113	11	
1942. 4. 1.	후키하라향(富貴原鄕)〔가미이나군(上伊那郡)〕	95	302	34	255	168	74	13	
1942. 4. 17.	이난향(伊南鄕)(가미이나군 남부)	71	264	34	222	120	86	13	3
1942. 5. 27.	다이니키소향(第二木曾鄕)(기소군 남부)	160	502	81	409	188	211	8	2
1942. 2. 11.	히가시치쿠마향(東筑摩鄕)(히가시치쿠마군)	98	373	74	287	99	163	25	
1943. 3. 31.	미나미시나노향(南信濃鄕)(시모이나군)	113	486	34	444	133	290	21	
1943. 5. 8.	기타아즈미향(北安曇鄕)〔기타아즈미군(北安曇郡)〕	70	231	26	203	93	104	5	1
1944. 4. 1.	아치향(阿智鄕)(시모이나 3개 촌)	65	196	15	175	47	116	12	

부 편은 나가노현이 송출한 108개 개척단의 구성원 3만 3,743명의 이름, 성별, 혈연관계, 생년월일, 연령, 본적, 출발일, 출정, 생사의 구별, 최종 소식, 현지 최후의 장소, 생사의 사유 등 12개 항목을 가능한 한 확실히 조사한 B5판 1,075쪽에 달하는 귀중한 기록이다.

108개 개척단의 생존자를 일일이 찾아가며 3만 3,743명의 '호적부'를 만들어 내자면 얼마만큼의 세월이 걸렸을까? 조사의 중심인물 중 한 분인 사이마 신조(齊間新三) 씨를 만난 것은 이 책이 간행된 직후의 일이다. 사이마 씨는 나가노현이 송출한 '비극의 분향 개척단'의 하나인 하니시나향 건설 선발대장이 되어 기구한 생애를 보낸 노인이었다.

하니시나향개척단 자신의 역사인 동시에 9할이 넘는 사망자들의 추도집인 『끝없이 노란 꽃 핀 언덕』[13]과 사이마 신조 씨의 회상을 참조해서 어느 분향 개척단의 송출 경위를 추적해 보고자 한다.

1940년 9월 12일 하니시나군의 정촌장(町村長) 회의가 하니시나향 송출을 결정한 당일, 각 정촌장에게 배포된 통달을 보면 분향 건설 본부장의 의향을 읽어 낼 수 있다.

---

12 '출정'은 소련군 참전 때까지의 전면적 동원을 포함한다. 출정 및 종전 시 개척단 재적자의 수와 총인원 사이에 차이가 있는데, 그 숫자가 입식부터 1945년 8월까지 개척단 퇴출자 및 병사자 등의 숫자이다(『나가노현 만주 개척사 각 단 편』에서).

13 埴科郷記念誌編集委員會, 『果しなく黄色い花咲く丘が』, 1978.

—… 입식을 희망하는 자가 있어도 본인의 모친이나 아내가 만류하기 때문에 송출을 저해하는 점이 적지 않으므로, 여성 단체 등을 통해 여성의 인식을 고양시키는 데 힘쓰도록 할 것.

—… 경제적 지위나 부락에서의 지위 등이 낮다고 생각되는 자들만을 대상으로 권유해서 송출할 경우에는 향후 송출에 상당한 곤란이 수반될 것으로 예상되므로, 부락의 중견 인물 송출에 대해서는… 본인의 희망 유무와 무관하게 간청하여 상당히 희생적으로 송출되도록 특별히 배려해 줄 것.

— 송출의 촉진은 정촌 당국자의 열의 여하에 달려 있으므로 당국자 스스로 도만(渡滿)하고자 하는 열의를 갖고 송출에 힘쓸 것.

— 『끝없이 노란 꽃 핀 언덕』에서

'하니시나향 건설'이 정촌장 회의에서 결정되고 나서는 우선 선발대장을 결정해야 했다. 당시 군에서 가장 열심히 청년단 활동을 하고 있던 고카촌(五加村)의 청년단장 사이마 신조(당시 27세)가 낙점되었다(이하 『끝없이 노란 꽃 핀 언덕』 참조).

1940년 9월 중순 가을 잠사(蠶絲) 작업이 일단락되었을 무렵 하니시나군의 정촌장 회의로부터 "하니시나군 건설에 관해 상담할 일이 있으니 와달라"는 긴급 전갈을 받고 곧장 사무소로 달려갔다. 주임인 사카구치(坂口) 씨는 나를 보자마자 벌떡 일어나 다가오더니 "긴한 부탁이 있으니 나가서 이야기합시다" 하고는 곧바로 부근에 있는 요정 가시와야(柏屋)의 안쪽 방으로 안내했다.

'긴한 부탁'이란 개척단 간부로서 만주로 건너가 주었으면 한다는 요청이었다. 4년 전 모친과 형을 잇달아 여읜 청년 사이마는 도쿄에서 불려 와 부친을 도와 농사를 짓고 있었고 청년단 활동을 하면서 농촌의 미래상을 위해 막 투신하기 시작한 참인지라 아닌 밤중에 홍두깨 격인 이 요청을 듣고 일단은 고사했다.

무리라는 건 잘 알지만 발족하는 게 중요하니 제발 부탁하네. 오래 있어 달라고는 하지 않을 테니까. 토대를 쌓을 때까지만 힘들더라도 견뎌 주면 좋겠네만….

사카구치 주임이 이렇게 간청했지만, 사이마 청년은 "이 이야기는 없던 걸로 하고 절대로 발설하지 않았으면 좋겠네요. 도저히 갈 수는 없지만, 그만큼 협력을 아끼지 않을 테니까요" 하고는 뿌리치듯이 헤어졌다. 4~5일 뒤 현 경제부 출장소에서 호출이 있었다.

소장실로 들어가자 야지마(矢島) 씨가 웃는 얼굴로 맞아 주었다. 그런데 대뜸 이렇게 말했다.

"고맙네, 자네 덕분에 뜻대로 되었어. 하지만 지금부터가 문제야. 정촌들이 계획을 세우지 못하고 있는 것 같아. 아무래도 자네가 결단을 내려 주지 않으면 안 되겠네."

그렇게 온후한 야지마 씨가 보기 드물게 강한 말투로 단도직입적으로 말했다.

이번에도 사이마 청년은 가정 상황 등을 설명하면서 고사했다. 그러나 소장은 생각지도 못한 방향에서 추궁해 왔다. 2년 전에 현은 청년단 간부의 '만주시찰단'에 사이마를 포함시켰었다. 젊은이의 눈에 만몽 개척은 농촌문제 해결책의 빛처럼 보였다.

자네의 시찰 보고도 들었고 그 뒤의 활동도 보았네. 자네는 자기 입으로 말한 것을 손바닥 뒤집듯 하는 인간이 아니야. 하니시나향을 건설해야 한다고 잘라 말한 건 자네니까 말일세….

2년 전의 발언을 빌미로 노련한 소장은 청년의 아킬레스건을 찌르면서 계속 설득의 예봉을 늦추지 않았다.

자네가 앞장서 준다면 난들 가만히 보고만 있겠나. 아무래도 청년이 선두에 서지 않으면 불가능한 일이야. 자네라면 반드시 할 수 있어. 제발 부탁하네. 해주게. 세기의 위업 아닌가….

집요할 정도의 요청을 끝내 거부하면서 사이마는 이렇게 혼자 중얼거렸다.

"설령 내가 간다고 해도 간부로는 안 갈 겁니다. 뼈를 묻을 각오로 선발대의 선두에 서야죠. 최후까지 생사를 함께할 동료 의식이야말로 온 힘을 발휘하게 만드는 법입니다. 그러는 편이 제 성격에도 맞으니까요."

설마 이 혼잣말처럼 사태가 진행되리라고 누가 예측할 수 있었을까요? 운명의 장난은 내 인생을 뒤바꿀 갈림길을 이때 두 사람의 대화에서 끌어낸 겁니다.

손바닥만 한 농촌에서 소문은 사람보다 빠르다. 추석이 가까워진 어느 날, 연로한 아버지가 물어보았다.

"이상한 말을 들었는데, 너 만주 간다는 게 진짜냐? 사람들이 그렇게 말하던걸…."

"말도 안 돼. 제가 갈 놈이 아니잖아요!"

이렇게 대답하는 아들에게 아버지는 목소리를 낮추면서 말했다.

"요즘은 심상치 않은 때니까 자중하고 너무 나대지 말아라."

부친과의 대화는 그때 그것으로 끝났다.

청년에게는 침울한 나날들이 이어졌다. 하니시나군의 개척단 송출률이 현 내에서 가장 뒤져 있다는 사실이 알게 모르게 압력으로 작용한 것, 또 그다지 건강하지 못한 자신에게 "너는 그런 몸이라서 군인으로는 쓸모가 없어"라고 주위에서 말한 것이 결정적이었다. 청년은 무거운 마음을 끌어안고 지내면서 어느 틈엔가 선발대장으로서 젊은이의 선두에 뛰쳐나가지 않으면 안 되는 상황으로 빠져들고 있었다.

아버님은 "너도 그런 게 마음에 걸린 게냐…" 이 한마디만 불쑥 내뱉었을 뿐 반대는 하지 않으셨다. 나라를 위해서, 향토를 위해서라면 도리가 없다고 판단하셨을 것이다. 질책하지 않으시는 아버님께도 마음이 아팠지만, 가장 힘들던 건 이 이야기를 하러 처가에 갔을 때였다. 입구에서 차마 안으로 들어가질 못하고 두 번씩이나 발걸음을 돌리다가 세 번째에 겨우 들어가서 사죄를 했다….

그렇게 사이마 씨는 당시를 회상하며 말했다.

신망이 두터운 청년단장이 선발대장으로 뽑혔다는 것도 작용하여 선발대 14명이 결정되고 훈련 기간을 마쳤다. 겨우 '도만(渡滿)' 직전이 되어서야 고카촌의 원로 부촌장이 단장으로 취임했기 때문에 본대 간부 4명이 자동으로 다른 정촌에서 파견되어 왔다. '분촌 계획'에는 촌의 경제갱생이라는 절실한 목표가 있었지만 군에는 그것이 없다. 각 정촌이 국책에 얼마만큼 충실히 따를 것인가 하는, 강제된 체면만이 분향 계획을 무책임한 계획으로 만들고 있었다.

하니시나향의 입식지인 둥안성 바오칭현 쑤어룬허(寶淸縣 索倫河)를 지도에서 보면 소만 국경의 도시인 라오허(饒河)까지 불과 40~50킬로미터 떨어진 곳임을, 송출 모체인 하니시나 정촌회의 누구도 새삼스레 확인하지 않았다.

1941년 2월 11일의 입식 행사에 즈음하여 보충대원을 포함한 25명의 선발대원이 말이 끄는 썰매 두 대에 나누어 타고 입식지로 향했다. 그러나 깊이 쌓인 눈 때문에 여의치 않아 입식 예정지 입구에서 겨우 행사를 마쳤다. 이날 처음 현지로 건너온 이지마 촌장은 이렇게 말했다.

"사이마 군, 이거 엄청나구먼. 우리가 상상도 못했던 곳이야. 이런 실상을 알았으니 경솔하게 사람을 송출할 수 없겠어. 꽤나 똑 부러지는 사람을 뽑지 않으면 도리어 방해가 될 테니. 이것 참 큰일이네…."

탄식을 섞어 가며 "이것 참 큰일이네"를 몇 번이나 뇌까렸다고 한다. 이미 그때 분별력 있는 사람들의 마음에는 하니시나향 개척단의 앞날에 불길한 예감이 스쳐 가고 있던 게 분명하다.

북만주의 2월은 엄혹한 표정으로 나를 맞았죠. 현지의 숙사는 암펠라[14]를 얹은 세모꼴의 작은 집이었습니다. 눈보라 치는 밤에는 잠깐 눈도 붙이지 못한 채 아침을 맞았어요. 취사도 세면도 목욕도 죄다 눈을 녹여서 썼죠. 비적이 출몰하면 경계 예보가 떨어지지만 지원군을 찾을 방도가 없습니다. 무기는 소총 탄약뿐이고 30명도 안 되어 고립무원 상태였어요. 멀리서 늑대들이 울부짖지만 모두들 강인해서 무서워하지 않을 뿐 아니라 추위도 그 무엇도 다 날려

14 금방동사니 풀로 짠 멍석.—옮긴이

버렸습니다.

이상은 농사지도원으로서 하니시나향개척단의 초기 간부를 역임한 야마자키 다쓰오(山崎龍雄) 씨의 말이다. 그의 말마따나 하니시나향개척단의 적은 북만주의 눈보라도 아니고 비적도 늑대의 포효도 아니었다. 바로 개척단원의 수였다. 3개년 간 300호 1,200명이라는 계획은 물거품이 되고 기간(基幹) 선발대조차 목표의 3분의 1에 불과한 채 출발한 이 작은 개척단은 결국 패전의 그날까지 일손 부족으로 골머리를 썩였다.

입식한 지 1년 반 만에 노령의 미야모토(宮本) 단장은 심신이 모두 쇠약해진 끝에 간부에게조차 거취를 밝히지 않고 개척단을 떠났다. "단장이 없어진 뒤에는 여러 문제가 있었다. 그중에는 퇴단하는 자, 또 장래를 비관하여 스스로 목숨을 끊는 자까지 나왔다"고 『하니시나향 기념지(記念誌)』는 전하고 있다.

> 하니시나향의 흥폐(興廢)는 척사(拓士) 송출에 달려 있음. 지급(至急) 송출자 수배 요망. 안사

데라오촌(寺尾村) 사무소의 「척무(拓務) 관계 서류철」에 파일로 남아 있는 한 장의 전보다. 발신국은 '만주국 바오칭국(寶淸局)'이고 소인은 '쇼와 18년(1943) 5월 23일'로 되어 있다. 맨 끝의 '안사'란 단장 실종 뒤에 단장대리를 맡은 안도 사다오(安藤貞雄)

를 가리키는 것 같다.

하니시나향개척단의 명부에서 '입식' 연월일을 살펴보면 선발대 도착부터 본대 입식까지 2년 가까운 세월이 경과하고 있으며, 패전 직전까지 장맛비처럼 입식은 계속되었으나 300호는커녕 결국 100호도 넘지 못했다. 만성적인 노동력 부족을 보충하기 위해 매년 농번기에 젊은 여성을 중심으로 한 '근로봉사대'가 파견되었는데, 1945년 5월에도 10대 후반의 여성을 중심으로 근로봉사대 21명이 송출되어 왔다.

당시 만몽의 풍속 등을 조사하러 들어와 있던 지리학자 이즈카 고지(飯塚浩二) 교수가 쓴 『만몽 기행(紀行)』(筑摩書房, 1971)에는, 자무쓰역 앞에서 목격한 이민의 모습이 이렇게 묘사되어 있다.

> 그들이 내지에서 감내해 온 생활이 어떤 것이었는지 알게 하는 옷차림과 짐들. 대부분 식구와 함께이다. 만척(만주척식공사—인용자)이 도와준다니 행선지나 정착지가 있을 게 분명할 테지만, 도저히 입식자 같은 분위기가 아니다. 난민을 잠시 한데 모아 놓은 듯한 모습이라 좀체 마음이 놓이지를 않는다. 눈앞에 보고 오늘 처음 느낀 거지만, 목욕 가방이라는 놈에게는 뭔가 묘한 무대 효과가 있다. 이민단 사람들의 수하물은 대부분 목욕 가방 같은 것들뿐 여행 가방과는 너무나 거리가 먼 느낌을 주는 것이 이 장소의 위화감을 더한다. 그야말로 목욕 가방을 한 손에 들고 야반도주하는 듯한 모습이라서, 이런 이향(異鄕)의 끄트머리까지 끌려오지 않아도 되게 뭔

가 해줄 수 있는 건 없을까 하는 측은지심을 좀체 억누르기가 힘들다….

이게 대륙 견학의 마지막 코스라 생각하고 동만주 지구를 한 바퀴 돌던 중 마침 자무쓰역에서 선로 건너편 플랫폼에 내리는 모습을 내 눈으로 직접 본 가련한 한 무리의 사람들에게는 어떤 운명이 기다리고 있던 것일까? 관동군이 패주할 때 이 사람들 중 가장 많은 희생자가 나온 게 아니었을까? 도와주었더라면 좋았을걸 그랬다는 생각보다는 거의 명복을 빈다는 기분으로 이름도 모르는 저 한 무리의 남녀와 아이들의 모습을 떠올릴 수밖에 없다. 내지에서 전재(戰災)를 당하고 다시 종전 2개월 전에 공적 기관의 손에 의해 북만주로 옮겨진 사람들을 그저 운 나쁜 사람들이라고 말하는 것만으로는 끝낼 수 없을 터이다(강조점은 인용자).

위기는 만몽개척단으로 슬며시 찾아들어 오고 있었을 것이다.

제2장

버려진 사람들

한 장의 지도와 '관특연'

지금 내 곁에는 '100만 호 계획'의 서막이 오른 1939년 만주척식공사(약칭 만척)가 작성한 「만주 개척 농민 입식도」라는 3색 인쇄 지도가 놓여 있다. 펼쳐 보면 다다미 한 장 정도 크기의 지도 위에 빨간색과 흰색으로 칠해진 세모, 네모, 원 등 11종류의 부호가 대충 세어도 300개 정도 인쇄되어 있어서 마치 복잡한 게임의 기보(棋譜)를 연상시킨다. 부호 대부분은 지도 우측, 즉 만주의 동북부에 치우쳐 있다. 조선과 국경을 접한 간도성(間島省. 젠다오성)의 요충인 투먼(圖們)과 만주국의 수도 신징(新京. 지금의 창춘)을 잇는 철도는 징투선이라 불렸는데, 그 징투선의 동북쪽에 편재되어 있는 것이다(〔그림 1〕 참조).

부호 가운데 가장 많은 것은 흰색 원으로, 원 안에 1부터 8까지 숫자가 쓰여 있다. 이는 일본 전국에서 송출된 제1차부터 제8차까지의 개척단 입식지를 가리키는 것이리라. 그것은 결국 만척의 손에 의해 강제적으로 확보된 1천만 정보의 토지로 증식되어 나갈 터였다.

흰색 원 다음으로 많은 것이 무장이민의 청소년판으로 창설된 '만봉 개척 청소년 의용군'(15~19세의 청소년을 대상으로 모집 구성되었다)의 특별훈련소 등 제반 시설들로서, 소만 국경의 가장 앞부분에서 시작되어 동북 일대 요소요소에 설치되어 있었음을 알 수 있다. 그 밖에 교통 요충지에는 철도 자경촌(自警村), 유수한 삼림 지대에는 임업개척단, 다른 곳에는 연초(煙草)개척단이라는 것까지 만들어졌다는 사실을 이 한 장의 지도로 읽어 낼 수 있다.

이것을 관동군의 대소 작전참모의 눈으로 보면 또 다른 풍경을 읽어 낼 수 있지 않을까? 첫째로 수많은 개척단을 수송하기 위하여 철도망이 눈에 띄게 좋아졌다. 훈춘(琿春)·둥닝(東寧)·쑤이펀허(綏芬河)·후터우(虎頭) 등 소만 국경의 도시까지 쉽게 갈 수 있게 되고, 무단장(牡丹江)·둥안(東安)·린커우(林口)·자무쓰·바오칭에 관동군 기지를 설치할 수 있게 되었다. 둘째, 소련 측의 감시를 받으면서도 개척단의 트랙터나 트럭이 다닐 군사도로를 개설할 수 있게 되었다. 개척단을 위한 통신 시설은 그대로 군사적 용도로 전용할 수 있었다. 셋째, 개척단이 일굴 농작물에 의해 관동군은 최전선에서 군량을 확보할 수 있게 된 한편, 개척단의 경영을 보증할 수도 있었다. 서로 주고받는 것 아닌가? 넷째, 수원(水源) 확보와 군마(軍馬) 사육을 빠뜨릴 수 없다. 게다가 큰소리로 떠벌려서는 안 되지만, 일단 응급 시에는 최전선에 예비 병력이 온존되어 있는 것이다. 사실 개척단의 장정에게는 총기가 지급되어 있지 않은가? 만몽 개척 계획은 관동군과 떼려야 뗄 수 없는 존재였다.

이 지도가 작성되고 2년 뒤인 1941년 8월 관동군 특별연습, 약

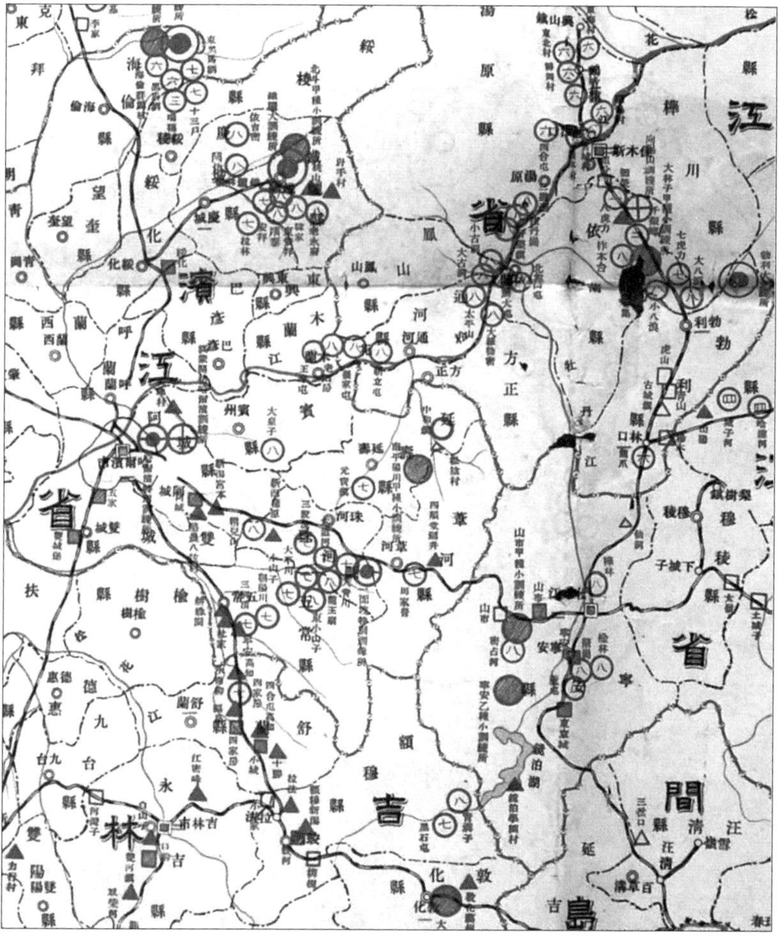

〔그림 1〕 만주척식공사가 발행한 「만주 개척 농민 입식도」의 부분

칭 '관특연(關特演)'이라는 이름의 70만 병력 동원 계획이 실시된 것은 결코 우연이 아니다. 실제로 만몽개척단이 군에 납입하는 식량에 일정한 양이 정해져 있었기 때문에 실현한 작전 계획에 다름 아니었다는 것은 〈표 3〉의 「1941년도 관동군 병력 배치」가 웅변적으로 말해 주고 있다고 해도 좋을 것이다.

만주를 둘러싼 소만 국경은 크게 나누어 동 정면(東正面)·북 정면·서 정면의 세 방면으로 나뉘는데, 이 배치도로 보자면 관동군이 관특연에서 진지하게 몰두한 것은 동 정면뿐이었음을 알 수 있다. 무단장, 둥닝, 둥안, 후린(虎林), 린커우, 바오칭, 자무쓰 각 현이야말로 만몽개척단이 집중적으로 배치된 지역이었다. 관특연의 주요 전장(戰場)이 바로 그곳이었다. 실제로 이 지역 말고는 죄다 임시변통으로 되어 있다는 것이 배치도만 보더라도 분명하다.

일촉즉발의 위기 속에 실시된 관특연에 소련이 응전해 온다고 한다면, 최전선에 배치된 개척단과 그 가족을 전화(戰火)에 휩쓸리지 않도록 할 대책이 작전 계획 가운데 명기되어 있어야 할 터였다. 그러나 개척단과 그 가족을 후방으로 소개하라는 식의 문구는 작전 계획에 들어 있지 않았다. 개척단을 다리 둘 달린 허수아비라고 생각하고 있던 것일까?

유럽에서 독소전(獨蘇戰)의 전황은 반드시 나치 독일에게 유리하게 전개되고 있지는 않았다. 일본 대본영의 의사는 차츰 북진에서 남진론으로 바뀌고 4개월 뒤에는 진주만 공격이 다가오

〈표 3〉 1941년도 관동군 병력 배치

<table>
<tr><td rowspan="13">동
정
면</td><td>훈춘 방면</td><td colspan="2">훈춘 주둔대(제9국경수비대 소속)</td><td>훈춘</td></tr>
<tr><td rowspan="11">둥닝 내지 후터우 방면</td><td rowspan="5">제3군</td><td>제3군 사령부</td><td>우단장</td></tr>
<tr><td>제8사단</td><td>쑤이양(綏陽)</td></tr>
<tr><td>제9사단</td><td>무단장</td></tr>
<tr><td>제12사단</td><td>둥닝</td></tr>
<tr><td>제1, 제2, 제10, 제11국경수비대, 제4독립수비대</td><td>우단장</td></tr>
<tr><td rowspan="6">제5군</td><td>제5군 사령부</td><td>둥안</td></tr>
<tr><td>제11사단</td><td>후린</td></tr>
<tr><td>제24사단</td><td>둥안</td></tr>
<tr><td>제25사단</td><td>린커우</td></tr>
<tr><td>제3, 제4, 제12국경수비대, 기병 제2여단</td><td>바오칭</td></tr>
<tr><td>제6독립수비대</td><td>둥안</td></tr>
<tr><td>산장성 방면</td><td></td><td>제10사단(제7독립수비대 소속)</td><td>자무쓰</td></tr>
<tr><td colspan="2" rowspan="3">북 정면</td><td rowspan="3">제4군</td><td>제4군 사령부</td><td>베이안</td></tr>
<tr><td>제1사단</td><td>쑨우(孫吳)</td></tr>
<tr><td>제5 내지 제7 및 제13국경수비대, 제8독립수비대</td><td>베이안</td></tr>
<tr><td colspan="2" rowspan="3">서 정면</td><td rowspan="3">제6군</td><td>제6군 사령부</td><td>하이랄</td></tr>
<tr><td>제23사단</td><td>하이랄</td></tr>
<tr><td>제8독립수비대</td><td>하이랄</td></tr>
<tr><td colspan="2" rowspan="8">내륙</td><td rowspan="8"></td><td>제14사단</td><td>치치하얼</td></tr>
<tr><td>제28사단</td><td>하얼빈</td></tr>
<tr><td>제29사단</td><td>랴오양(遼陽)</td></tr>
<tr><td>제1독립수비대</td><td>펑톈</td></tr>
<tr><td>제2독립수비대</td><td>신징</td></tr>
<tr><td>제3독립수비대</td><td>앙앙치(昂昂溪)</td></tr>
<tr><td>제5독립수비대</td><td>하얼빈</td></tr>
<tr><td>제9독립수비대</td><td>청더(承德)</td></tr>
</table>

* 출전 : 시마다 도시히코, 『관동군』.

고 있던 사정도 있어서, 관특연이라는 관동군이 벌인 연습은 실전으로 이어지지 못한 채 일장춘몽으로 끝이 났다. 첩보전에 능한 크렘린이야말로 관특연을 멀찌감치 바라보면서 4년 뒤의 도상 연습을 끝내고 있었다고 해야 할지도 모르겠다.

울던 아이마저 울음을 그친다는 70만 관동군의 위력은 '재만 일본인'에게 환상을 남겼고, 이후 관동군은 장비를 증강시키기는커녕 전력을 서서히 남방 전선으로 전용함으로써 급속히 쇠락하는 길을 밟았다. 1943~1944년에 걸쳐 관동군의 병력은 남방으로 전용되어 반감되고 말았다고 한다. 아니, 종이호랑이라고 하는 편이 옳을 것이다.

삼엄한 정보 통제 아래 만몽개척단은 최후까지 울던 아이마저 울음을 그친다는 관동군 환상에 사로잡혀 있었다. 나가노현에서 소만 국경의 일각인 바오칭현으로 송출된 하니시나향개척단의 그 뒤의 모습으로 눈을 돌려 볼까 한다.

끝없이 노란 꽃 핀 언덕

하니시나향개척단에 할당된 둥쑤어룬허(東索倫河)의 완만한 언덕에는 봄이 찾아오면 노란 꽃들이 끝없이 만발했다고 한다.

그러나 25명의 선발대에게 제시된 입식일 날짜는 가토 간지가 발안한 2월 11일 기원절이었다. 머나먼 모촌(母村)에서 달려온 이지마 촌장이 발끝에서 스며 오르는 얼음장 같은 한기를 참아 가며 사이마 선발대장의 귀에 소근거렸다. "사이마 군, 이거 엄청나구먼. 우리가 상상도 못했던 곳이야. 이런 실상을 알았으니 경솔하게 사람을 송출할 수 없겠어. …이것 참 큰일이네….”

나가노현과 하니시나향 정촌장회가 피리와 북까지 동원하며 단원 모집에 열중했지만, 나중에 따라와야 할 본대(本隊)는 1941년에 7호, 1942년에 27호, 1943년에 7호, 1944년에 10호라는 식으로 목표의 4분의 1에 그쳤다. 이는 하니시나향뿐만 아니라 ‘만몽개척 100만 호 이주계획’ 자체가 파탄난 모습을 드러내고 있었다고 해야 할 것이다.

하니시나향개척단의 경비지도원으로 선발된 히라바야시 마사나오(平林正直) 씨는 전 육군 중위였는데, 다음과 같은 회상을 남겼다.

단원에게는 투통식(套筒式) 보병총이 건네졌고 체코 경기관총 두 정도 배치되었다. 또 젊은 여성들도 사격 훈련을 받았다.

…어느 날 각 단의 단장과 경비지도원이 소집되었다. 큰 강당의 중앙에 하니시나향개척단의 지형이 모래로 만들어져 있었다. 산도 있고 강도 있고 숲도 습지도 부락도 있는 훌륭한 파노라마였다. 모래밭 전술의 준비가 갖추어져 있던 것이다. 나는 지명을 받고 앞으로 나갔다. 참모가 오늘 ○일 오전 ○시에 전차를 포함한 적 보병 부대가 국경을 돌파해 바오칭으로 가는 군용 도로를 전진 중이라는 ‘정황’을 제시하면서 경비지도원이라면 어떻게 조치할 거냐고 물었다. 각 부락을 본부 부락으로 집결시키고 따쑤어룬허(大素倫河)

로 척후병을 파견하고, 본부의 동쪽 구릉 지대에 산개(散開)시켜 적을 맞아 사격하는 태세로 말들을 배치했다. 적은 경주차(輕舟車)를 선두로 이 산개전(散開戰)을 돌파할 것이므로 본부 부락 안으로 후퇴, 총안(銃眼)을 통해서 응전. 이때 북쪽 입구에서 적군 전차가 장해물을 돌파해 들어왔다. 개척단은 수류탄을 들고 '돌격'. 이로써 상황 끝이었다. 이에 대해 별도의 강평(講評)은 없었지만 최후까지 사수하라는 커다란 암시였다.

'훌륭한 파노라마'에 의해 모래 위 도상 연습을 한 것은 관특연의 일환이었을 것이다. 그때 히라바야시 씨는 '이런 일이 절대로 일어나선 안 된다'고 생각했다고 적고 있다.

히라바야시 경비지도원과 함께 관특연의 도상 연습에 동원된 미야모토 단장이 어떤 감상을 품었는지는 알 도리가 없다. 하지만 단장 선출이 난항을 겪는 가운데 고카촌 조역(助役)으로서 고사하지 못하고 가족을 향리에 남겨 둔 채 홀로 노구를 이끌고 현지에 온 단장이었다. 엄동설한을 못 견뎌 하얼빈의 여사(旅舍)로 추위를 피해 간 적이 있으나 2년을 채우지 못하고 단원에게 알리지 않은 채 향리로 돌아가 버렸는데, 그것이 개척단에게 충격을 주었다. 부단장, 축산지도원이 잇달아 퇴단한 것은 그 여파였음이 틀림없다. 하니시나향개척단이 입식 2년 만에 위기에 빠져 있었음을 알 수 있다.

현지에서 재삼 요청이 있었지만 단장 부재 상황은 1년 넘게

이어졌다. 경리(經理)지도원이 되어 개척단 업무에 종사해 온 사이마 선발대장이 단원의 총의에 입각해서 새 단장 선출을 재촉하기 위해 귀국한 것은 1943년 이른 봄이었다. 출산을 앞둔 아내와 두 아이를 마을에 맡기기 위한 동반 여행이 되었다.

새 단장으로 고카촌 소학교의 이케다 겐타로(池田健太郎) 교장이 거론되는 상황이었다. 사이마 신조 씨는 최후의 설득을 하는 역할을 맡아 현지의 어려운 상황을 호소했다. 개척단 부근에 최근 청소년 의용군의 훈련소가 설치된 것 등도 화제가 되었다.

"지금까지 여러 제자를 의용대에 보냈으니 말입니다. 언젠가는 나 자신도 가야 한다고 생각하고 있었죠."

이런 말이 교장의 입에서 흘러나오면서 한나절이나 걸린 회의가 끝났다. 난관은 오히려 현의 교육계가 아닐까 걱정하면서 타진해 보자, 뜻밖에 두 차례 답장 끝에 승낙을 받았다.

사이마 씨는 "시나노교육회에서 이케다 선생을 달갑지 않게 여기는" 듯한 인상을 받았다고 적고 있는데, 44세의 소장 교장인 「이케다 겐타로 약력」을 보면 이를 뒷받침하는 자료들이 엿보인다.

1919년에 나가노사범학교를 졸업한 이케다의 첫 부임지 하니시나군 도쿠라(戸倉)소학교는 '신슈 시라카바(白樺) 교육'[15]의 아성이라 불린 학교로서, 중심인물인 아카바네 오로(赤羽王郎)가 세

15 다이쇼 시기 일본의 자유주의 교육을 일컫는 말. '시라카바'는 1910년 창간된 자유주의적 문예지의 이름이다.— 옮긴이

상을 떠난 직후였지만 자유교육의 기풍은 여전히 흘러넘치고 있었다. 3년 뒤에 전임한 마쓰모토의 시마우치(島內)소학교의 데쓰카 호조(手塚縫藏)라는 이름은 크리스천 교장으로서 현에 알려져 있었고, 데쓰카 교장의 인도로 이케다 역시 기독교 신자가 되었다. 시마우치소학교 재임 중에 마쓰모토사범 부속학교의 가와이(川井) 훈도(訓導) 사건[16]이 일어났는데, 문부성 장학관을 맞이하여 시마우치소학교에서 개최된 연구회에서 데쓰카 교장은 가와이 훈도를 옹호하며 한 발도 물러서지 않았다. 젊은 이케다 겐타로는 분명히 그런 과정을 낱낱이 살펴보고 있었을 것이다.

그랬기 때문에 데쓰카 호조도 사임의 압박을 받았으며, 이는 나가노현에서 자유교육 탄압의 이정표였다고 일컬어진다. 이케다 겐타로가 시마우치소학교에서 마쓰시로소학교로 전근한 시점이 데쓰카의 사임 시기와 맞아떨어진 것은 꺼림칙한 일이다. 그러나 1935년에 나가노현의 노른자위인 야나기초소학교에 36세의 젊은 나이로 교감에 부임한 것을 보면, 이케다에게 시대적인 압력이 가해졌다고만 볼 수는 없을 것이다.

하지만 이케다 겐타로의 행보는 야나기초소학교 교장을 마지막으로 누군가에 의해서 시나 정이 아니라 촌의 소학교로 궤도가 수정된 것 같다. 1938년 이케다가 하니시나군 데라오촌 소학

16 다이쇼 자유주의 교육에 대한 대표적인 탄압 사건. 1924년 훈도(정교사) 가와이 세이지로가 수신(도덕) 수업에서 국정 교과서를 사용하지 않았다는 이유로 휴직 처분된 후 결국 퇴직당하고 만 사건이다.—옮긴이

〈표 4〉 만몽 개척 청소년 의용군 나가노현 군 · 시별 송출 순위표(1942. 4. 1. 현재)

서		중앙		동	
요코즈나 히가시치쿠마군(横綱 東筑摩郡)	541	대표 나가노현		요코즈나 시모이나군(横綱 下伊那郡)	675
오제키 가미미노치군(大關 上水内郡)	356			오제키 스와군(大關 諏訪郡)	379
세키와케 지이사가타군(關脇 小縣郡)	321			세키와케 가미이나군(關脇 上伊那郡)	343
고무스비 사라시나군(小結 更級郡)	240			고무스비 기타사쿠군(小結 北佐久郡)	246
마에가시라 미나미사쿠군(前頭 南佐久郡)	239	주최	시나노 교육회	마에가시라 하니시나군(前頭 埴科郡)	240
마에가시라 시모타카이군(下高井郡)	187			마에가시라 가미타카이군(上高井郡)	188
마에가시라 시모미노치군(下水内郡)	149		각 군 · 시 교육회	마에가시라 기타아즈미군(北安曇郡)	159
마에가시라 니시치쿠마군(西筑摩郡)	130			마에가시라 미나미아즈미군(南安曇郡)	134
마에가시라 이다시(飯田市)	56	구성원	척무성	마에가시라 마쓰모토시(松本市)	86
마에가시라 우에다시(上田市)	27		만주이주협회	마에가시라 나가노시(長野市)	50
합계	2,246		시나노해외협회	마에가시라 오카야시(岡谷市)	22
총계	4,768		의용군 부형회	합계	2,522

* 출전 : 『나가노현 교육사 자료 편』.

교 교장으로 임명된 바로 그해부터 현 내 촌들의 소학교 교장에게는 심상고등소학교를 졸업한 젊은이들을 한 명이라도 더 '만몽 개척 청소년 의용군'으로 대륙에 송출하라는 임무가 부과되었음은 위의 〈표 4〉의 순위표에서 여실히 드러난다. 이케다 겐타로의 하니시나군은 240명을 송출하여 마에가시라(前頭)의 필두에 자리 잡고 있다. 만주의 동쪽 변두리에서 설득하러 온 사이마 경리 지도원 앞에서 이케다 교장이 흘렸을 군소리가 들려오지 않는가?

2년 전 미야모토 단장이 입식할 때에는 훈련소 따위는 그냥 지나치는 데 가까운 거의 형식적인 것이었지만, 이케다 신임 단장은 어쩐 일인지 가토 간지의 우치하라훈련소(이바라키현)에서 꼬박 3개월 동안 진을 빼고 하얼빈의 현지 훈련에도 5개월이나 쓴 뒤 11월 말이 되어서야 취임했다. 그 배경에는 신앙 문제가 관련되어 있던 게 분명하다. 주의에 주의를 거듭한 개작(改作)이 필요한 것이었으리라. 신임 단장의 취임을 전하는 단사(團史)의 한 구절이 눈길을 끈다.

> 선생은 옛 사무라이 같은 풍격의 인격자셨다. 어떤 날 쇼잔(象山) 신사 앞에 단원 일동을 모아 놓고 "인류는 어머니인 대지를 터전으로 하여 살아왔다. 장래에도 영원히 의식주를 제공할 터전이다"라고 하시면서, 모닝코트 안주머니에서 백지로 싼 검은 흙을 조심스레 꺼내 보이며 더듬거리는 말투로 훈시하셨다. 일동은 감명 깊게 경청하며 단장에게 절대적인 신뢰를 바쳤다.
>
> —『나가노현 교육사 자료 편』에서

1943년 당시의 전시 풍속이 기억의 밑바닥에 남아 있는 내 눈에는 신임 단장의 취임식을 전하는 위 구절에서 두 가지 이질적인 사실이 비친다. 하나는 하니시나향개척단의 수호신으로서 향리 마쓰시로번이 낳은 막부 말기의 사상가 사쿠마 쇼잔(佐久間象山)을 기리는 쇼잔신사가 모셔지고 있었다는 사실이다. 이 신사는 중일전쟁이 발발했을 무렵, 마치 시대에 순응하듯이 사쿠마 쇼잔의 탄생지인 현지의 하니시나군교육회 등이 중심이 되어 세워진 것이다. 쇼잔의 사상과 만몽 개척 계획은 마치 물과 기름처럼 섞일 수 없는 게 아닐까 하는 게 내 생각이다.

또 한 가지 내가 놀란 것은 그 쇼잔신사 앞에서 크리스천 교장이 검정색 모닝코트를 입고 서 있는 모습이다. 당시 소학교 직원실의 풍경이 오직 카키색 '국민복'만 허용되는 분위기이던 것을 떠올리면, 검은 모닝코트 차림은 시대착오적이라고 웃음을 사지 않았을까. 시대를 초월하는 외골수 정신이 단원들의 마음을 하나로 묶어 준 것이리라. 단장은 농사 대신 아이들 교육을 맡았다.

처자가 도착할 때까지 1년 동안 이케다 단장은 개척단 본부를 숙사로 삼았다. 처자를 고향에 맡겨 둔 사이마 경리지도원도 본부로 거처를 옮겨 온돌로 난방을 하면서 기나긴 겨울밤을 이용해서 개척단의 현실을 상세히 설명했는데, 그것은 어쩌면 불길한 징조였는지도 모른다.

이듬해인 1944년 3월 11일 사이마 신조 외 3명에게 빨간색 소집영장이 날아왔다. 그다음 날 새로 태어난 장남과 두 딸을 데리고 아내가 나가노에서 돌아왔다. 생후 6개월인 장남 다카시(劍佳志) 군을 품에 안은 3월 13일, 사이마 씨 등 장정 4명은 관동군의 지시에 따라 환송회도 갖지 못한 채 야반도주라도 하듯이 출정했다. 기껏해야 몇 개월의 교육 소집일 거라고 주위에서는 대수롭지 않게 여겼다. 3월 13일의 동원이 실은 취약해진 관동군이 개척단에 내린 제1차 대동원이었음은 나중에 판명되지만, 당치 않게도 사이마 이등병의 행선지는 만주가 아니라 미야자키현 고바야시초(宮崎縣 小林町)였다. 본토 방위를 위해서였다. 관동군이 병력을 오키나와 및 본토의 방위로 돌려야 할 정도로 전황은 이미 궁지에 몰려 있었던 것이다.

관동군 작전주임 참모 구사치 사다오(草地貞吾) 중좌가 대본영 지령에 근거하여 입안한 대소 작전 계획의 여섯 개 답신안을 갖고 도쿄로 온 것은 1944년 8월 상순. 1개월여의 검토 끝에 9월 18일 발포된 대본영 육군부 명령의 요지는 다음과 같은 것이었다.

> 침공해 오는 소련군을 대체로 국경 지대에서 요격하고 시설과 지형을 이용해서 저지해 격파하며, 그것이 불가능한 상황이 되더라도 남만주와 북부 조선에 걸친 산악 지대를 확보해 지구전을 꾀하여 일본 전체의 전쟁 수행을 유리하게 한다.
>
> —방위청 방위연구소 전사실(戰史室) 편, 『전사총서 관동군 2』에서

한마디로 말한다면, '북변(北邊)에 대한 정밀보지(靜謐保持)'를 관동군에게 요구하는 '지구수세(持久守勢)'로의 전환 명령이었다. 마치 선문답 같은 이 명령을 더 쉽게 설명하자면, 종이호랑이가 된 관동군은 이제 소련군의 대공세를 국경선에서 막아 낼 수 없

으므로, 만주의 5분의 4를 포기하고 신징과 투먼을 잇는 징투선 이서(以西)와 신징과 다롄(大連)을 잇는 롄징선 이남, 북부 조선의 산악 지대를 포함한 지역을 유지함으로써 일본 전체의 전쟁 수행을 유리하게 이끌라는 것이었다.

이미 보았듯이 만몽개척단 입식지 대부분은 징투선과 롄징선 바깥쪽, 소만 국경을 향해 산재해 있었다. 구사치 중좌가 준비한 여섯 개의 답신안에도, 대본영 육군부 명령에도 그곳에 산재하는 만몽개척단의 후방 철수나 안위를 검토한 흔적은 찾아볼 수가 없다. 육군부 명령이 발포되고 1년 가까운 세월 동안 그런 방안이 모색된 흔적도 없다. 히라바야시 경비지도원의 회상에 젊은 여성들에게도 사격 훈련이 부과되었다는 사실이 기록되어 있는 것을 보면, 관동군은 여성까지 전투 요원으로 간주한 것이라 추측할 수 있는데, 어린이 · 유아 · 노인은 관동군의 눈에 허수아비로밖에 보이지 않은 것이 아닐까. 마지막까지 '소개(疏開)'라는 말은 보이지 않는다.

그런데 여기에서 역사 연표를 다시금 살펴보면 얄타에서 루스벨트, 처칠, 스탈린이 회동한 것이 1945년 2월 4일이다. 독일에 대한 전후 처리 방침과 더불어 소련의 대일 참전이 결정된다. 이 결정을 받아 4월 5일 소련 외상 몰로토프가 소련 주재 대사 사토 나오타케(佐藤尚武)에게 일소중립조약의 연장 거부를 통고해 왔다.

모스크바 대사관 무관실(武官室)에서는 급변하는 정세에 대처하기 위해 보좌관 아사이 이사무(淺井勇) 중좌를 급히 귀국시키도록 도쿄의 허가를 얻었다. 아사이 중좌는 4월 19일에 모스크바를 출발하여 시베리아 철도를 동행(東行)했다. 아사이는 아직 눈이 녹지 않은 시베리아 철도 연선에서 무엇을 보았을까?

> 옴스크부터는 복선이 되어 급행열차는 순조롭게 운행되고 화물열차와 군용열차는 측선으로 대피하기 때문에 시찰하기에 안성맞춤이었다. 동행함에 따라 군용열차가 증가하고 탱크에 점령 도시의 이름인 듯한 명칭이나 사기 진작용 슬로건이 붙어 있는 것이 눈에 띄어 독소 전선에서 추출된 부대임을 알려 주었다. …26일 다이셰트를 통과, 극동 지역으로 접어들자, 역마다 병사 · 차량 · 물자들이 가득 차서 집단 수송으로 인해 지체가 발생하고 있는 게 분명했다. 같은 날 오후 외몽골 방면 지선(支線)의 분기점인 파프시킨역에서는 유력한 기계화 부대의 하차 작업을 목격했는데, 이는 외몽골 울란바토르 방면으로 병력이 증강됨을 말해 주는 것이었다.
>
> —방위청 방위연구소 전사실 편, 『전사총서 관동군 2』에서

아사이 중좌는 이날 치타 총영사관에 도착한 뒤 4월 27일 관동군을 경유하여 대본영 참모차장 가와베 도라시로(河邊虎四郎) 중장에게 이런 내용의 전보를 쳤다.

> 시베리아 철도의 군사 수송은 1일 12~15대 열차에 이르러 개전 전야나 다름없다고 여겨지며 소련의 대일 참전은 이제 불가피하다

고 판단됩니다. 약 20개 사단의 병력을 수송하려면 약 2개월이 필요할 것입니다.

매우 정확한 관찰이었다고 해야 할 것이다. 국경 마을인 만주리(滿洲里)에서 온 만철 차량 안에서 치치하얼에 주둔하고 있는 제3방면 사령관 고미야(後宮) 대장에게 이러한 관찰 결과를 보고하자, 고미야 대장은 "만일 소련이 참전해 온다면 관동군의 전력으로는 도저히 저지하지 못할 것이다. 대본영에 한시바삐 외교적 조치를 서둘러서 소련 참전을 저지하도록 말해 달라"고 작은 목소리로 말했다.

5월 31일 참모총장이 비밀리에 다롄으로 출장을 갔는데, 전해 9월 18일의 정밀 작전에 덧붙여 소련 참전 단계에서 관동군 총사령부는 조선 국경 부근의 통화(通化)로 후퇴하고 '황토(皇土)'(조선) 방위를 주안점으로 삼으라는 등의 지시가 내려졌다고 여겨진다. 여기에서도 재만 일본인의 보호는 검토 대상이 아니었던 것이다.

하니시나향개척단에서는 1945년 5월에 접어들자 30대 후반 이상 남성들의 동원이 시작되었고 내지에서 젊은 여성을 중심으로 한 21명의 근로봉사대가 송출되어 왔는데, 하니시나향개척단 본부에는 바오칭 393부대의 중계 기지로서 군용 트럭이 빈번히 드나들던 상황이라 전황의 위급함이 느껴지지는 않았다고 한다.

전체 동원이 시작된 것은 7월 말. 사세히 실펴보니 1944년 3월부터 개척단 간부를 포함해서 59명이 소집에 응하여 재적 인원 229명 가운데 성년 남성은 불과 18명, 간부는 이케다 단장이 유일했다. 노인 · 여성 · 어린이와 유아만 남은 셈인데, 8월 2일 신징 방송국에서는 "관동군의 체제는 반석과 같이 튼튼하다. 개척단 사람들은 안심하고 생산에 매진하라"는 취지의 관동군 성명을 흘려 보내고 있었다고 한다.

사도개척단 터의 참극

『나가노현 만주 개척사』는 8월 9~10일 사이의 하니시나향개척단의 동향을 다음과 같이 전하고 있다.

> 1945년 8월 9일 오후 1시경, 바오칭의 니시야마(西山) 부대에서 전화 연락으로 "소련이 참전했으니 3일분 식량과 신변 잡구를 챙겨서 곧장 바오칭으로 피난하라"고 명령했다. 본부에서는 각 부락으로 전화 연락을 하고 전령을 보내 명령을 전달했다. 사람들이 큰 수레에 짐을 싣고 모두 개척단을 떠난 것은 비구름이 드리운 저녁 6시 무렵이었다. 밤새 걸어 바오칭에 도착하니 10일 정오경. 성안 곳곳에 화재가 일어나 거리는 전과 딴판이었다. 니시야마 부대에는 오후 1시쯤 도착했는데, 의지해야 할 부대에는 20명도 안 되는 병력만 남아 있을 뿐이었다. 비로소 사태가 심상치 않음을 알게 되었다.

바오칭 주변에 배치되어 있던 몇몇 개척단이 차례차례 집결해 왔기 때문에 각 대표단의 간부가 모여 상의한 결과, 11일 보리(勃利)로의 피난이 개시되었는데, 바오시(寶石)에 다다랐을 무렵 빗줄기가 세지는 통에 어쩔 수 없이 의용대 개척단 자리에서 하룻밤 묵은 뒤 사흘 동안 빗속을 행군했다. 15일 저녁 습지대의 풀숲에서 만주국군의 습격을 받기도 했으나, 16일 오후 다이토(大東) 개척단 자리에 도착했다. 약 50킬로미터 전방에 있는 보리 시내는 검은 연기에 휩싸여 있었고 포성이 들려왔다. 전원에게 수류탄이 지급되고 노인과 아이 들을 돌보며 죽음을 재촉하는 행군이 시작되었다. 살아남은 사람들의 증언을 통해 이케다 단장이 남긴 말을 알 수 있다. 이케다 단장은 임신한 아내와 세 살배기 둘째딸 때문에 대열의 맨 끝에 있으면서 "울지 말아요, 울지 마" 하며 주위의 여성과 아이 들을 다독였다. 시모미노치향(下水內鄕) 개척단이 해산식을 치른 뒤 전원에게 청산가리를 나누어 주었다는 소문이 퍼졌을 때, 이케다 단장은 침착한 태도로 이렇게 말했다고 단원 중 한 사람이 전한다.

> 어떤 경우에도 자결하는 것은 허락하지 않는다. 누구 하나 개인행동을 해서도 안 된다. 사는 것도 죽는 것도 천명에 따를 뿐이다. 최후까지 계속 분발하며 모든 것을 신에게 맡기고 결코 동요해서는 안 된다.
>
> —『끝없이 노린 꽃 핀 언덕』에서

공포의 하룻밤을 보낸 17일 이케다 단장은 그때까지 행동을 함께해 온 근로봉사대원 21명을 보내면서 이렇게 말했다.

봉사대는 단원과는 다르다. 만주에 뼈를 묻을 각오로 온 단원은 나와 생사를 함께하는 게 당연하지만, 여러분은 증산을 도우러 와 준 사람들이다. 어떤 일이 있더라도 무사히 여러분의 고향으로 돌아가야 한다. 다행히 여러분은 젊어서 민첩하고 자유롭게 행동할 수 있다. 어떻게든 달아나 주기 바란다. 천우신조를 기원한다.

—『끝없이 노란 꽃 핀 언덕』에서

8월 18일 이후의 발자취를 단사에서 찾아보면 이렇다.

각 단의 간부가 모여 협의하여 사라시나향의 마사무라(正村) 단장을 총지휘자로 삼아 이란을 향해 나가기로 했다. 8월 18일, 홍수로 넘실대는 워컨허(倭肯河)를 한 줄 밧줄에 의지하여 목숨을 걸고 건너자마자 숲 속에 들어가 젖은 옷을 말리고 나서 밤을 새워 걸어 오전 세시경에 사도(佐渡)개척단 입구의 부락에 당도하여 잠시 쉰 뒤 정오가 좀 지나 그곳을 빠져나왔다. 19일은 고야(耕野)개척단 자리에서 노숙을 하고 20일 하루 종일 각 단의 간부가 협의하여 보리를 돌파해 나가기로 결정했다.

8월 21일은 화창한 날씨였다. 사라시나향을 선두로 마지막 고샤향까지 난민들의 장사진이 이어졌다. 오후 세시경, 선두가 가시마다이(鹿島臺)개척단 자리에 당도했을 무렵, 갑자기 북쪽 700미터 쪽 산림에서 총격이 가해졌다. 곧장 반격을 하자 '만주국 경찰' 같은 적들이 좌측 뒤에서 박격포 2문과 소총으로 성벽을 따라 공격해 왔다. 서둘러 퇴각했다가 땅거미를 틈타 진로를 바꾸고 산속에서 노숙을 했다. 이 전투로 단원인 나카시마 노부노리(中島喜德)와 야마자키 겐지로(山崎源二郎) 두 사람이 전사했다. 여기저기 도망치다가 길을 잃어서 23일 아침에는 다시 사도개척단 터로 와 있었다. 하니시나향은 본부 정면의 학교로 들어갔다.

—『나가노현 만주 개척사 각 단 편』에서

엿새 동안 헛되이 걷다가 다시 도착한 곳이 바로 운명의 사도개척단 터였다. 거기에서 몇 가지 비극이 잇달아 일어났다.

이날 저녁 소련 비행기가 근처의 보리밭에 불시착한 것을 보고 다른 단 사람이 기체를 소각했다. 고샤향의 발도대(拔刀隊)가 소련 장갑차를 습격했다는 소식도 전해졌다. 24일 아침 각 단 간부는 최종 조치를 협의했는데, 결론이 나지 않아 단별로 자유행동을 하게 되었다. 그때 본부 부락에는 3천 명 가까운 난민이 있었다. 그러나 25일 고샤향의 전원 자결이 확인되자, 26일 밤 대부분의 단이 부녀자와 병자만 남기고 이곳을 탈출하였고, 최후까지 단장을 중심으로 결전을 각오한 곳은 사라시나와 하니시나 두 개척단뿐이었다.

—『나가노현 만주 개척사 각 단 편』에서

"최후까지 단장을 중심으로 결전을 각오한 것은 사라시나와 하니시나 두 단뿐이었다"는 기술은 너무 형식에 치우쳐 있다. 출발 이래 17일간에 이르는 도피행으로 사라시나향과 하니시나향의 노인, 여성, 어린이에게 '결전'의 의지 따위는 있을 수 없는 상태에 내몰려 있었다고 해야 할 것이다. 오히려 하얀 무명천 한 장이 있어서 그걸 내걸었다면 혹시 위기는 모면할 수 있었을지도 모른다. 지평선 저쪽이 희미하게 밝아 오고 있었다.

8월 27일 새벽, 사도개척단 터 부근에 다다른 소련군은 서북과 동남 두 곳에서 조명탄을 쏘아 올리고 이를 신호로 포탄을 퍼부어 왔다. 그러고 나서 소총과 기관총으로 공격을 가해 왔는데, 하니시나향에는 응전할 수 있는 자가 거의 없었다. 정오 무렵 저항 없는 성안으로 소련군이 돌격해 들어왔다. 허공을 가르는 단말마의 비명과 이성을 잃은 이상한 광경이 펼쳐졌지만 전투는 곧 끝났다. 이케다 단장은 성벽에 기댄 자세로 옆구리를 군도(軍刀)에 찔린 채 쓰러져 있었다. 소련군은 중상자는 사살하고 걸을 수 있는 자 70명 정도를 동부 중앙에 집결시켜 성벽 밖으로 데리고 나가더니 숫자를 헤아리고 부상자는 그 자리에서 사살했다. 나머지 사람은 다음 부락에 있는 가옥에 몰아 놓고 수류탄을 던져 넣은 뒤 불을 지르고 물러났다.

하니시나향개척단의 단사는 여기에서 끝난다. 8월 10일 재단

자 229명 중에서 사도개척단 터의 참극을 면하고 겨우 살아남아 이듬해에 향리로 귀환할 수 있던 사람은 불과 3명, 8년 뒤에야 비로소 귀환한 사람이 6명이었다. 귀국한 비율은 4퍼센트를 조금 넘었다. 참극의 피바다 속에서 현지의 중국 농민에게 구조되어 목숨을 건진 아이들이 16명이나 되었다. 그중 한 사람, 당시 7세이던 베니야 도라오(紅谷寅夫) 소년에게는 1945년 8월 27일 있었던 참극의 기억이 마치 어제 일처럼 뇌리에 강렬한 인상으로 남아 있다.

소련군이 공격해 왔을 때엔 말이죠, 우리 가족은 사도개척단 가운데 있는 학교 건물에 있었어요. 아버지와 두 형은 밖에 나가고 건물에 있던 건 엄마와 여동생과 저였어요. 처음에 쾅 하고 엄청난 소리가 나면서 유리창이 모두 깨졌죠. 엄마가 "밖에 나가면 안 돼, 위험해" 하는 말을 몇 번이나 하면서 막으려 하셨어요. 하지만 난 무서워서 밖으로 튀어 나가고 말았죠. 그때 밖에는 개척단 사람들로 가득했어요. 마을 주위는 벽이 둘러싸고 있잖아요. 거기로 가서 벽 바깥을 봤더니 소련군이 벌써 가득했어요.

소련군이 마을 안으로 들어온 건 정오쯤이었죠. 큰 포격이 끝나고 나서 이번에는 소총으로 다다다다, 다다다다… 여자든 어린애든 살아 있는 사람은 모두 쏴 죽였어요 소련군이 들어오기 조금 전에 나는 총을 든 열여덟에서 스무 살 정도 된 일본인을 봤어요. 주위에 여사들이 많이 있었어요. 여자들이 그 남자에게 "빨리 우릴

쏴….” 그렇게 부탁했어요. 젊은 남자는 여자 둘을 쏘고, 마지막에는 자기도 “천황폐하 만세” 하고 또 뭔가 중얼거리고는 자살했어요….

소련군이 왔어요. 나는 좀 전에 총으로 자살한 사람, 그 사람 밑으로 기어들어 가 숨었어요. 그 사람은 피투성이였죠. 내 얼굴은 그 피로 범벅이 됐어요. 그리고 소련군은 내가 있는 곳으로 왔죠. 총끝에는 칼이 꽂혀 있었는데 그걸로 내 셔츠를 찢었죠. 그때 난 제정신이 아니었어요. 이제 죽은 거나 마찬가지구나 했죠. 정신을 차리고 살펴보니 소련군은 근처에 없었어요. 개척단의 집들이 몽땅 불타고 있었고요. 그 속에는 사람들이 가득했죠. 연기가 잔뜩 피어올랐죠. 저녁때는 비가 왔어요.

일본인은 모두 살해당했죠. 소련군은 한군데 모여서 죽인 말의 고기를 불에 구워 가며 술 마시고 노래하고 춤추면서 축제처럼 떠들었어요. 난 시체로 가득 찬 곳에서 그 광경을 보았어요.

—에나리 쓰네오, 『샤오하이의 만주』에서

혼미해져 가는 대본영

소련군이 국경을 넘은 8월 9일 오전 다섯시, 관동군 담당의 아사에다 시게하루(朝枝繁春) 중좌는 참모 본부의 침대에서 스위스 대사관 무관으로부터 온 ‘소련 참전’의 제일보를 접했다. 이어서 각지에서 암호 무선이 연달아 울렸다. 오전 열시 참모 본부 차장 가와베 도라시로(河邊虎四郞) 중장, 작전과장 사나다 요이치로(眞田穰一郞) 소장, 작전반장 호소다 사다오(細田定雄) 대좌 등이 참석한 회의가 열려 관동군에 대한 최후의 명령인 「대본영 육군부 명령 제1378호」를 아사에다 중좌가 기안했다.

1. 대본영의 계획은 대미 주 작전의 완수를 기하는 동시에 소연방의 비망(非望)을 분쇄하기 위해 새로이 전면적인 작전을 개시하여 소련군을 격파함으로써 국체를 호지(護持)하고 황토(皇土)를 보위하는 데 있다.

2. 관동군 총사령관은 대소 작전을 주 작전으로 지향하여 침공해 오는 적을 도처에서 격파해 조선을 보위해야 한다.

3. 세밀한 항목에 관해서는 참모총장이 지시하도록 한다.

1945년 8월 10일

봉칙전선(奉勅傳宣) 참모총장 우메즈 요시지로(梅津美治郎)

관동군 총사령관 야마다 오토조 전(山田乙三 殿)

'대본영 육군부 명령'은 하사관이 붓으로 정서하여 곤약판(崑蒻版)[17]으로 만든 뒤 도장을 줄줄이 찍어서 천황의 결재를 받는 것이 일반적인데, 이때만은 아사에다 중좌가 연필로 쓴 것에 결

17 등사판의 일종. — 옮긴이

재를 받은 뒤 난수표 암호로 관동군에 전송되었다. 대본영이 소연(騷然)한 분위기에 휩싸인 가운데 외무성으로부터 작전과에 전화가 걸려 왔다.

"일소(日蘇) 불가침조약은 통고로부터 1년간 유효하므로 대일 선전포고는 명백한 국제법 위반입니다. 대소 선전포고를 해야겠죠?"

"작전과의 일개 참모가 대답할 일이 아니라 국가의 입장에서 결단해야 할 문제라고 봅니다만, 통수부로서는 대소 선전포고는 동의하지 않습니다. 이번에는 한신(韓信)이 가랑이 사이를 기던 방식으로 갑시다. 국제법 위반의 시비는 전쟁이 끝난 뒤에 해도 좋을 겁니다."

내가 아사에다 전 참모를 찾아간 것은 1985년 봄이었다. 노인은 창밖에 꽃잎이 흩어지는 풍경을 바라보면서 40년 전을 회상했다.

"그때 만약 동의했다면 마치 처녀가 애를 낳아도 할 말이 있는 상황이 되었겠죠. 전후에 분단국가가 되는 것을 막았다는 점에서 저는 100퍼센트 직책을 수행했다고 생각합니다만, '잔류 고아'를 희생으로 삼았으니…" 하면서 말문을 닫았다.

8월 10일 아사에다 참모는 선문답 같은 최후의 대본영 육군부 명령을 들고 다치카와(立川) 비행장에서 중폭격기를 타고 신징으로 날아갔는데, 그때 최고전쟁지도회의는 드디어 포츠담선언을 수락하는 방향으로 논의하고 있었다. 신징 공항에는 731부대의 이시이 시로(石井四郞) 중장이 경비행기로 급히 날아와 기다리고 있었다. 시설을[18] 파괴하기에 충분한 다이너마이트를 넘겨주었다.

8월 10~14일 아사에다 참모는 명령에 따라 패전 지시에 분주했을 것이다. 15일 정오의 방송을 신징 공항에서 들은 뒤 비행기에 올라 캄캄한 다치카와 비행장에 무사히 착륙했다. 닷새 만에 돌아온 이치가야다이(市ヶ谷臺) 대본영 작전과의 사무실에는 이상한 흥분과 살기가 감돌았다. 이를 눈치 챈 그는 부하들을 모아놓고 경거망동하지 말도록 훈시했다. 그러나 입에 침이 마르기도 전인 다음날 새벽 세시, 사이판 옥쇄(玉碎)의 책임을 지고 담당 참모인 하루케 마코토(晴氣誠) 소좌가 자결했다.

마시타(益田) 소좌가 "오타케비(雄健)신사[19] 앞에서 할복하여 신음하고 있기에 제가 관자놀이에 총을 쏴서 숨통을 끊어 버렸습니다"라고 보고해 오자, 아사에다는 "이 멍청이, 그만큼 얘기해 두었는데 이게 무슨 일이야!" 하고 호통을 칠 수밖에 없었다. 유족에게 연락하고 부하의 주검을 묻은 뒤 아사에다 참모는 서류를 여러 통 작성했다고 한다. "아사에다 중좌, 만주 방면에서의 종전 처리를 위해 출장을 명한다"는 외교관 특권을 표시하는 증명에도 떡하니 도장을 찍었다. 하네다 공항에 있던 만주 항공 비행기를 직접 수배했다. 8월 19일, 이치가야다이의 출구에서 통수부 굴지의 러시아통이던 전쟁지도반장 니시무라 도시오(西村

18 하얼빈 부근 핑방에 있던 731부대의 시설을 가리킨다. — 옮긴이

19 일본 육군사관학교 영내에 있던 신사. — 옮긴이

敏雄) 소장과 딱 마주쳤다.

"각하, 이제 신징으로 날아갑니다" 하고 인사하자 멍청한 짓이라고 저지당했으나, 스스로 작성한 최후의 대본영 명령을 어길 수는 없었다. 우메즈 각하와도 가와베 각하와도 만나지 않고 독단전행(獨斷專行)으로 신징 공항 상공에서 무전을 쳤지만 아무런 응답이 없었다. 간신히 착륙했으나 소련 공정부대에게 포위당했다. 니시무라 소장의 예언대로 국제법도 외교특권도 통용되지 않았고, 이미 억류당해 있던 관동군 수뇌부와 함께 9월 7일 하바로프스크로 이송되어 10년간 억류되었다.

"자책하는 부분은 잔류 고아를 만든 것"이라는 말 한마디로 40년 전의 회상은 끝이 났다.

"최후의 대본영 명령을 보고 싶습니다만" 하고 묻자, "방위연구소 전사실에 있을지 모르네" 하고 대답했지만 자신이 없어 보였다. 거기에서 최후의 대본영 육군부 명령을 찾아보았으나, 과연 아무리 찾아도 발견하지 못했다. 패전 후 수많은 중요 문서와 함께 소각되어 버렸을 수도 있다. 그로부터 10년, 시베리아 억류자의 모임인 '전국포로억류자협회'의 회장 사이토 로쿠로(齋藤六郞) 씨의 저서 『시베리아의 만가(輓歌)』에서, 저자의 집념으로 모스크바 공문서관에서 아사에다 전 참모가 작성한 문서의 파일이 발견되었다는 사실을 알게 되었다.

「대본영 육군부 명령 제1374호」의 제3항 "세밀한 항목에 관해서는 참모총장이 지시하도록 한다"고 기록된 부분의 일부일 것이다.

① 관동군 총사령관은 미소 대립 항쟁의 국제정세를 만들어 내기 위하여 되도록이면 소련군으로 하여금 신속히 조선 해협까지 진출하도록 작전을 지도할 것.

② 전후 장래의 제국의 부흥 재건을 고려하여 관동군 총사령관은 가능한 한 많은 일본인을 대륙 일각에 잔류시키도록 도모해야 하며, 이를 위해 잔류한 일본인 군인과 민간인의 국적은 어떻게 변경되더라도 무방함.

—사이토 로쿠로, 『시베리아의 만가』에서

『시베리아의 만가』에 따르면, 8월 14일부로 대본영의 우메즈 참모총장이 위의 두 항목을 관동군 야마다 총사령관에게 이미 알렸다고 한다. 포츠담선언 수락과 함께 최고전쟁지도회의에서 결정한 것으로, 아사에다 참모가 멋대로 작성한 것이 아니었다. 이 단계가 되어서야 비로소 소련군이 연합군의 지휘 아래 들어 있지 않다는 것, 스탈린이 포츠담선언과 일정하게 거리를 두고 있는 듯하다는 것, 국체 호지에 대해서도 연합군과 상이한 의견을 갖고 있는 듯하다는 것을 최고전쟁지도회의가 눈치 챘다면, 가와베 참모차장을 일본 육군의 항복 특사로서 마닐라의 맥아더 사령부에 보낸 것과 같은 날인 8월 19일 급거 아사에다 참모를 신징에 보낸 것은, 소련군에 대한 항복을 위한 특사였다고 보는 사이토 로쿠로 씨의 견해는 흥미롭다. 「대본영 육군부 명령 제1374호」의 세칙은 항복을 위한 조건이며 구두로 이를 부연하기 위해 특파된 것이라면, 아사에다 특사의 입장은 관동군 총사령관보다 상위에 위치하고 있었을 것이다.

다시 세칙 제1항을 보면, 거기에 최고전쟁지도회의의 의도가 발견된다. 미소 대립 항쟁의 정세를 만들어 내기 위해 관동군은 소련군으로 하여금 가능한 한 신속히 조선 해협(부산)까지 진출하도록 하는 작전을 취하라고 지시하고 있는 것이다. 그 대가로 되도록 다수의 일본인을 현지에 잔류시킬 것, 이를 위해 국적은 어떻게 변경해도 좋다는 것이다.

그러나 스탈린은 용의주도해서 세칙 제1항의 유도 작전에 말려들지 않았다. 스탈린은 포츠담선언 세칙 제2항의 현지 잔류 방침을 거슬러 군대를 야금야금 시베리아로 옮겼다. 아무 도움이 안 되는 노인 · 여성 · 어린이는 혹한의 북만주에 방치해 둔 채 이듬해 봄 만주에서 소련군을 귀환시켜 버렸다고 볼 수 있다.

아사에다 노인이 회상 속에서 '잔류 고아'를 언급할 때 말문이 막히던 것은, 스탈린에게 당했다는 안타까움보다는 특사로서 최고전쟁지도회의가 취한 무자비한 방침의 선봉 역할을 한 자신에 대한 덧없음 때문이 아니었을까?

제3장

전후 귀환의 지연

8 · 14 훈전의 무대책

후생성이 펴낸『원호 50년사』에는 1945년 8월 패전 당시 해외에 있던 일본인은 군인 · 군속 · 일반인을 합해 약 660만 명이며 그중 일반인은 대략 절반에 가까웠다고 기록되어 있는데, 혼란 속에서 숫자는 분명하지가 않다.

패전국 일본의 군인 · 군속에 관해서는 포츠담선언의 제9항에 다음과 같은 지시가 명기되어 있었다.

> 일본국 군대는 완전히 무장을 해제한 후 각자의 가정으로 복귀하여 평화적이고 생산적인 생활을 영위할 기회를 얻도록 해야 한다.

이로부터 '복원(復員)'이라는 용어가 생겨나고 육군성은 곧바로 제1복원성(復員省)으로, 해군성은 제2복원성으로 그 명칭이 바뀌어 연합군 관리 아래 복원 업무에 종사하게 되었기 때문에 소련 점령 지역을 제외하고 군인 · 군속의 귀환은 비교적 순조롭게 진행되었다.

한편 해외의 일반인에 대해서는 포츠담선언에 아무 언급이 없이 제8항에,

일본국의 주권은 혼슈, 홋카이도, 규슈와 시코쿠 및 우리(연합국)가 결정하는 섬들에 국한하기로 한다.

라고만 되어 있었다. 300만 명이 넘는 재외 일본인은 도대체 어찌 되는 것일까? 포츠담선언의 수락을 결정한 8월 14일, 일본 외무성은 「3개국선언 수락에 관한 훈전(訓電)」에 의해 "거류민은 가능한 한 현지에 정착시키는 방침"을 취하는 동시에 "현지에서 거류민의 생명과 재산의 보호에 만반의 조치를 강구하도록" 재외공관에 지시했다고 한다. 이 훈전의 앞부분, 즉 재류 일본인의 현지 정착 방침에는 이미 살펴본 최고전쟁지도회의의 최종 명령이 투영되어 있음이 분명하며, 뒷부분의 생명과 재산 보호라는 지시에는 포츠담선언 수락과 함께 발생할 사태에 대한 인식이 부족했다는 점이 드러나 있다고 보지 않을 수 없다.

재외 일본인의 전후 귀환 상황을 개략적으로 살펴보면 〔그림 2〕와 같다.

1945년 당시 옛 만주의 일본인은 약 155만 명이었다고 하는데, 그 가운데 만몽개척단 재적자는 약 27만 명. '뿌리캐기식 동원'으로 현지 소집된 자 4만 7천을 제외하면, 소련군 참전 당시 개척단의 실제 숫자는 22만 3천 명이고 그 대부분이 노인 · 여성 · 어린이였다.

소련 참전과 동시에 현지 농민의 오랫동안 쌓여 온 원한이 만몽개척단을 겨냥하는 상황에서 '현지 정착'이 적합할 리가 없고,

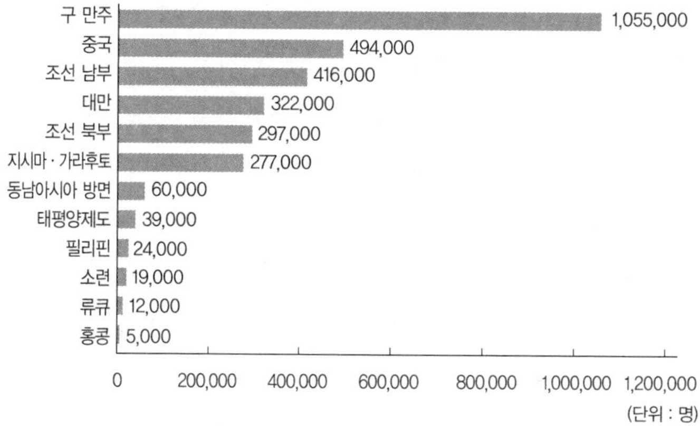

〔그림 2〕 재외 일본인 귀환 상황[20]

관동군이 재빨리 후퇴한 뒤 22만 3천 명의 '생명과 재산을 보호'한다는 것은 탁상공론과 다름없는 가운데, 하나 둘씩 자결에 내몰리고 있던 것이 버려진 만몽개척단의 현실이었다.

자결과 살해의 위기를 벗어나서 겨우겨우 무단장과 하얼빈까지 당도한 사람들 중에는 마대 밑바닥을 도려내 몸에 걸친 피난민 차림새가 눈에 띄었다. 운 좋게 화차를 얻어 타고 창춘과 선양까지 도착한 사람들도 있었지만, 수용소 바닥의 널빤지는 뜯기고 창문에 유리가 없어서 겨울의 예고와도 같은 가랑눈이 들이치는 와중에 기아와 추위와 발진티푸스의 맹렬한 기세 앞에 사

20 若槻泰雄, 『戰後引揚げの記錄』, 時事通信社, 1991.

망자가 속출했다. 여기에서도 고아와 여성은 얼마 안 되는 식량과 금전을 받고 중국인에게 팔려 나가는 현실이 기다리고 있었다.

이와 같은 곤경을 호소하며 일본인회 회장인 다카사키 다쓰노스케(高碕達之助)의 밀서를 지닌 사자(使者)가 비밀리에 '내지'로 돌아간 적이 있었지만, 외무성의 응답은 없었다. 거리의 치안을 지켜야 할 소련군은 빼앗은 시계를 손목에 두세 개씩 차고 밤낮을 가리지 않고 여자를 내놓으라고 수용소를 위협하였다. 소련군은 모든 전리품을 시베리아로 실어 나르는 데 여념이 없어, 일본인의 귀국 문제에는 무관심으로 시종일관했다는 것이 다카사키 밀서에는 보고되어 있었을 테지만, 포츠담선언의 한쪽 당사자인 모스크바에 특사를 보내는 수단은 강구되지 않았다. 중국 국민정부의 장제스(蔣介石) 총통은 8월 14일, "폭력으로 폭력을 되갚지 말라"는 제목으로 "우리는 일본 군벌을 적으로 삼지만 일본 인민을 적으로 보지는 않는다"는 취지의 메시지를 충칭(重慶)에서 보냈으므로 충칭에 특사를 보내는 방법도 있었지만, 그런 행동을 취한 흔적은 없다. 외무성의 무대책과 소련군의 무관심이 맞물려 부대 자루를 뒤집어 쓴 만몽개척단 피난민은 매서운 동장군의 도래를 앞두고 방치되고 말았다.

연합군 총사령부(이하 GHQ)의 기본자세는, 일본 군대의 본국 송환은 포츠담선언에 근거한 연합군 측 의무로 보고 일반 일본인의 송환은 일본 정부의 의무이며 인도적 견지에서 협력을 아끼지 않는다는 것이었다. 일반 일본인의 귀환 업무가 지지부진하게 진척되지 않는 데 울화가 치밀기라도 한 듯이 GHQ는 10월 12일, 귀환 업무의 중앙 책임 관청을 정하도록 일본 정부에 통고하고 10월 16일 회의를 소집했는데, 당일 GHQ로 출두한 것은 해군성 담당자뿐이었고 그것도 한 시간이나 늦게 도착했다고 한다.

GHQ가 일본 정부(외무성)의 외교 기능의 전면적 정지를 통고한 것은 10월 25일의 일이다. 패전 이래 2개월에 걸친 외무성의 정황 인식 마비와 무대책이 이런 통고를 초래한 것일까? 업무 밖으로 쫓겨난 외무성을 대신하여 660만 명의 '민족 이동'이라고 할 귀환 문제의 중앙 책임 관청으로서 후생성이 지정됨으로써 두 가지 화근이 남겨졌다.

첫째는 곧 육해군성이 해체되어 각각 제1·제2복원성이 된 그 스태프와 수법이 후생성 인양원호국(引揚援護局)으로 흡수·합병되고, 점령기가 끝난 뒤에도 그 전통이 농후하게 인계되었다는 점이다. 둘째는 냉전 구조가 심화되는 가운데 외교에 문외한인 후생성 인양원호국이 시베리아 억류자의 귀환에 이어 중국 잔류 일본인의 장기간에 걸친 귀환·원호를 담당하는 가운데 발생한 수많은 문제점이다. 이에 대해서는 나중에 언급하기로 하자.

옛 만주 귀환 소사

후생성의 귀환·원호 체제가 정비되는 것을 지켜보는가 싶디니, GHQ는 1946년 3월 16일 일본 정부에게 「귀환에 관한 기본 지령」을 내렸다.

순조롭게 진행되고 있는 육해군 병사의 무장해제와 일본으로의 송환 업무에 비해 현저하게 지체되고 있는 일반 거류민의 본국 송환에 GHQ가 적극적으로 대처하려는 의사의 표명인 동시에, 일본 국내에 머무르고 있는 외국인의 본국 송환의 원칙을 명시한 획기적인 지령이었다고 할 수 있다. 거기에는 또한 엄동설한의 만주에 방치되어 있던 일본인의 귀환에 대해 극동 소비에트군 총사령관과 '적당한 협정 체결의 필요'가 있다는 것이 주창되고 있었다.

이 기본 지령의 발표로부터 1개월 뒤인 4월 14일, 소련은 만주에서의 군정을 폐지하고 관동주 일부 외에는 전 병력을 철수하기 시작하였다. 이해하기 힘든 소련군의 갑작스런 철수는 재류 일본인에게는 낭보였고 GHQ는 즉각 대응했다. 5월 11일에는 미군 대표와 국민정부의 동북(東北)보안사령관 사이에 재만 일본인의 본국 송환에 관한 협정이 체결되고, 후루다오(葫蘆島)가 출발항이 되어 재류 일본인에 의해 선양에 설치된 '일교선후연락총처(日僑善後連絡總處)'(일본인민회)가 송환 계획의 입안과 실행의 창구가 되었다.

이어서 8월에는 미군과 중국 공산당군의 협정에 의해 국공내전의 일시적인 정전이 실현되어 대량 귀국의 길이 열렸다. 일본 측에 충분한 선박이 없는 것 같으면, 미군의 LST나 리버티선이 아낌없이 투입되어 후루다오와 하카다(博多) · 사세보(佐世保) · 마이즈루항(舞鶴港) 등의 사이를 왕복하며 날라 반년 동안 100만 명의 대이동이 실현되었다.

1946~1948년 미군 관리 아래 시행된 '전기 귀환'의 상황은 아래 〈표 5〉와 같다.

〈표 5〉 전기 귀환 상황

제1차 귀환	1946년 5~10월	약 101만 명
제2차 귀환	1946년 11~12월	4,300명
제3차 귀환	1948년 6~8월	2만 9,000명
제4차 귀환	1946년 6~8월	3,320명
합계		약 104만 6,620명

* 출전 : 『원호 50년사』.

만주로부터의 전기 귀환은 점령하 미군의 주도권 아래 추진되었다. GHQ에 의해 귀환에 관한 중앙 책임 관청으로 지정된 후생성은 주로 귀환자의 인수와 원호를 GHQ의 지시에 따라 처리하는 데 전념했다고 해도 좋을 것이다. 패전국 일본 정부의 대표가 거류민을 귀환시키면서 과거의 오도된 국책의 잘못을 중국 당사자에게 사죄하는 장면, 그리고 귀환 거류민이 맛본 쓰디쓴 고통을 위로하는 장면이 없었다는 것은 국제적으로 도의에 어긋난 일이었다고 하지 않을 수 없다.

전기 귀환이 시행된 3년 동안은 국제적으로 냉전 구조가 심화되어 간 시기, 만주에서 국공내전이 본격화되던 시기와 겹쳐서 전기 귀환에서 빠진 재류 일본인이 다수 존재할 것을 국가는 예상하고 있었으므로, 앞에서 언급한 배려는 패전국이 해야 할 당연한 국가적 의무가 아니었을까?

실제로 '후기 귀환'이 재개되는 데에는 몇 가지 장애물이 가로놓여 있었다. 4년에 걸친 국공내전과 중화인민공화국의 수립(1949. 10. 1), 한국전쟁의 발발(1950. 6. 25), 대일평화조약과 미일안보조약의 조인(1951. 9. 8), 평화조약 · 안보조약의 발효와 일화(대만)평화조약 조인(1952. 4. 28) 등 동아시아가 냉전 구조로 얼어붙어 가는 와중이어서 높이 세워진 빙벽을 녹이려는 노력이 반드시 있어야만 했다.

1950년 여름 몬테카를로에서 열린 국제적십자회의에서 전후 최초의 대표로 참가한 일본 적십자사 사장 시마즈 다다쓰구(島津忠承)가 중국 홍십자회 회장 리더취안(李德全)과 동석했을 때, 일본 적십자 간호부 300여 명이 중국에서 귀국하지 않고 있음을 알렸다. 리더취안 여사는 처음 듣는 이야기라면서 귀국하면 잘 조사해 보겠다고 대답했다. 국제적십자를 통해 중일 사이에 처음으로 하나의 연결고리가 생겨난 순간이었다.

또 1952년 봄, 녹풍회(綠風會)의 다카라 도미(高良とみ)와 호 아시케이(帆足計), 개진당(改進黨)의 미야코시 기스케(宮腰喜助)[21] 등

---

21 중의원 의원. 중국 문제에 관심이 깊어 제1회 중일 무역협력회의에 출석한 바 있고, 모스크바 국제경제대회 일본 대표, 카이로 AA회의 대표로서 활약하였다. — 옮긴이

중의원 의원 3명이 점령기의 엄격한 여권법의 그물망을 뚫고 '철의 장막' 건너편 모스크바에서 개최된 국제경제회의에 출석했다는 뉴스가 신문의 제1면을 장식하는 시대였다. 3명이 다시 모스크바에서 '죽의 장막' 저편 베이징으로 날아갔다는 뉴스가 충격적 '사건'으로 전해진 것은, 대일평화조약 · 미일안보조약이 발효되고 일화평화조약이 조인된 4월 28일로부터 불과 보름 뒤인 5월 15일의 일이었다.

나는 지금도 아직 그때의 놀라움을 기억하고 있다. 한반도에서 전쟁이 언제 재연될지도 모르는 동아시아에서 요시다 시게루(吉田茂) 내각이 '편면강화(片面講和)'라고 불리던 대일평화조약의 체결과 함께 미일안보조약을 결합한 직후의 일이었기 때문에, 이 사건은 긴장 완화로 나아가는 상쾌한 바람처럼 느껴졌다.

3명의 중국 방문에 의해 최초의 일중민간무역협정이 체결되었는데, 협정 조인 석상에서 다카라 도미가 대표로서 인사를 했다. 그것은 "보수도 혁신도 아닌 중도의 양식파임을 자임하는 녹풍회 소속 정치가로서, 혼신의 힘을 다한 표현으로 전쟁 책임에 대해 언급하고 평화를 호소하며, 당시 일본이 놓여 있던 상황에 대해서도 진정(眞情)을 토로한"〔후루카와 만타로(古川萬太郎), 『일중 전후 관계사』〕 것으로서, 굳게 닫혀 있던 중일 관계의 문을 열어젖히는 계기가 되었다.

그해 12월 1일 베이징 방송은 신화사(新華社) 기자의 질문에 중국 정부 고관이 대답하는 형식으로, 중국 재류 일본인의 귀국 문제에 대해 다음과 같은 요지의 내용을 일본 측에 전달했다.

1. 중국에는 약 3만 명의 일본 거류민이 있으며 정부의 보호를 받아 생활은 안정되어 있다.

2. 거류민 외에 소수의 전범이 있다. 이 전범들 가운데 어떤 이는 침략 전쟁에서 인민에게 죄악 행위를 저지른 자이고, 어떤 이는 일본 항복 후 장제스·옌시산(閻錫山)의 비적군에 참가하여 인민에게 적대한 자로서 지금 재판을 기다리고 있다.

3. 고향으로 돌아가고 싶어 하는 일본 거류민에게는 귀국을 원조할 생각이며, 일본 측이 선박 문제를 해결할 수 있다면 정부는 그들의 귀국을 원조하도록 노력할 것이다.

4. (선박 기항 수속 등) 구체적인 문제에 대해서는 일본 측의 적당한 기관이나 인민 단체가 대표를 파견하여 중국 홍십자사와 협의해 해결하면 좋을 것이다.

—『원호 50년사』에서

이 방송에 호응하여 일본 측은 일본 적십자사·일중우호협회·평화연락위원회를 창구로 하여 이른바 '후기 귀환'을 개시하게 되는데, 일본 정부(요시다 내각)가 한 일이라면 세 단체와 함께 방중할 예정인 다카라 도미의 여권 발급을 방해하다가 출발 당일에야 뒤늦게 발급한 것뿐이다. 두 차례의 중단 등 우여곡절을 겪기는 했으나, 후기 귀환은 〈표 6〉과 같이 5년에 걸쳐 진행되

〈표 6〉 후기 귀환 상황

제1~7차	1953년 3~10월	2만 6,032명
중단		
제8차	1954년 9월	520명
제9~11차	1954년 11월~1955년 3월 ('잔류 여성' 일시 귀국 포함)	2,292명
중단		
제12차	1955년 12월	141명
제13~16차	1956년 7월~1957년 5월	1,368명
제17~21차	1958년 4~7월	2,153명
합계		3만 2,506명

* 출전 : 『인양과 원호 30년의 발자취』.

었다.

돌이켜보면 전기는 GHQ가, 후기는 일본 측 민간 세 단체가 주도하여 만주로부터의 귀환이 진행되었으며, 후생성이 귀환민 수용을 담당했으나 중국 측과의 절충에 대해 일본 정부(외무성)는 노터치로 일관하였다.

특히 요시다 내각은 대중 관계에는 냉담하여 방관과 방해를 일삼았고 일소, 일중 관계의 개선에 열의를 보이던 하토야마 이치로(鳩山一郎) 내각에서도 외무장관 시게미쓰 마모루(重光葵)는 종종 이중 외교로 비치는 자세를 보이고, 전시 행방불명자 명부를 제네바 교섭에서 중국 대사에게 제시함으로써 중국 측의 신경을 거슬리는 장면을 되풀이하였다.

점령 초기인 1945년 10월 25일 GHQ가 일본 정부의 외교 기능을 정지시켰기 때문에 외무성은 귀환 업무에서 제외되고 있었다. 점령기가 끝난 1952년 이후에도 외무성이 귀환 업무에 복귀한 적은 없다. 그럼에도 불구하고 웬일인지 해외 일본인의 생존 유무에 관한 조사만은 1954년까지 외무성 소관으로 남겨 두고 있어서 조사가 엄밀하지 못했던 것이 앞에 서술한 문제들을 불러일으켰다고 할 수 있겠다.

귀환자 수용을 담당한 후생성 역시 100만 명의 일본인 귀환에 직면하여 행방불명자에 대한 면밀한 청취 조사를 게을리했는데, 이 점도 잔류 여성과 잔류 고아의 귀국이 지체되는 데 큰 영향을 끼쳤다고 하겠다.

1950년 3월에 발행된 『인양원호의 기록』이라는 책자의 말미에는 다음과 같은 대목이 있다.

> 소련 지구에 억류되어 있는 동포들에 대하여 비통한 마음은 중공 지구에 잔류하고 있는 동포에 대해서도 마찬가지다. 특히 중공 지구에는 나이 어린 부녀자 다수가 남아 있던 만큼 문제는 그런 의미에서 더 심각하다.

이미 1950년의 단계에서 후생성은 '나이 어린 부녀자'가 잔류하고 있음을 인지하고 있었지만, 이 책에서는 그들의 이름과 장소를 특정할 조사를 철저하게 한 흔적은 물론 어떻게 행동할 것인지 검토한 흔적 역시 읽어 낼 수가 없다.

기시 정권과 중일 관계 단절

소련과의 국교 회복과 유엔 가입 전망이 밝아진 것을 마지막으로 1956년 12월 14일 총사퇴를 한 하토야마 이치로 내각의 뒤를 이어, 자민당 대회의 결선 투표 결과 일곱 표 차이로 기시 노부스케(岸信介)를 물리치고 이시바시 단잔(石橋湛山)이 새 총재로 취임했을 때의 일을 나는 비교적 잘 기억하고 있다. 다이쇼 데모크라시 시대에 「대일본주의의 환상」, 「모든 것을 버릴 각오」라는 제목의 논설을 통해 식민주의를 엄격하게 비판해 온 이시바시야말로 정치 과제인 중일 관계 개선을 담당할 수상의 등장으로서 기대를 모았다. 그러나 2개월 뒤에 갑작스런 병으로 사임하리라는 것을 예상한 사람은 분명 아무도 없었을 것이다.

1957년 2월 25일, 외무장관이자 부총재 격이던 기시 노부스케가 수상으로 선출되었다. 만주국 시절의 산업부 차장으로서 수완을 발휘하며 혁신 관료의 스타로서 도조 히데키(東條英機) 내각의 상공장관이 된 기시는, 전후에 A급 전범으로 기소된 이력 탓에 당면 정치 과제이던 중일 관계 개선을 축으로 본다면 이시바시와는 180도 다른 지향을 갖고 있었을 것이다. 그것은 이미 이시바시 내각의 외무장관인 기시가 제3차 중일민간무역협정으로 쌓아 올린 무역대표부 설치를 인정하지 않는다고 표명한 데에서도 드러났다.

기시 내각의 발족 직후 영국이 미국의 반대를 무릅쓰고 중국에 대한 금수(禁輸) 조치의 철폐로 나아가자, 기시는 곧바로 유감을 표명하는 담화를 발표하고 미국의 중국 봉쇄 정책에 가담하는 자세를 보였다.

더욱이 그는 아시아 6개국을 순방하면서 각국에서 '반(反)중국을 부채질하는 언동'을 보였는데, 그의 반중국 논조는 반둥에서 저우언라이(周恩來), 수카르노와 함께 평화5원칙선언을 발표하는 동시에 중국의 유엔 복귀를 일관되게 지지하던 인도 수상 네루와의 회담에서 정점에 달했다.

> 일본은 국부(國府)와 평화조약을 체결하는 동시에 중공이 대륙에서 안정된 정권이 되고 있는 사실을 무시할 수 없다. 그러나 중공과 무역을 추진하는 일과 중공 정권을 정식으로 인정하는 것은 별개의 문제다.
>
> 일본은 공산주의의 위협을 느끼고 있다. 따라서 방위력을 전혀 갖지 않아서는 곤란하기 때문에 미군의 주둔을 인정한다.
>
> 중국은 유엔 가맹국이 아니며 침략국이다. 이 (유엔) 결의는 아직도 유효하므로 우리는 중국을 승인할 수 없다.
>
> — 후루카와 만타로, 『일중 전후 관계사』에서

마지막 방문지인 대만에서 장제스 총통과 세 차례에 걸친 회담 끝에 일본 국내의 '일부 여론'을 우려하는 장제스에게 기시는 다음과 같이 답변하며 회담을 마쳤다.

대륙의 자유 회복에 일본은 동감한다. …일본인은 대개 소련에 대해서는 적대심이랄지 냉정한 감정이랄지, 어떤 경우에는 격분에 가까운 기분마저 품고 있다. 이에 반해 중국인에 대해서는 친애(親愛)의 정을 품고 있다. 공산주의냐 아니냐와는 관계없는 것이다. 어떤 의미에서는 공산주의의 일본 침투라는 면에서 소련보다 중국이 더 두렵다고도 할 수 있다. 따라서 이런 의미에서 대륙을 회복한다는 것이 나로서는 매우 다행스럽다.

—『아사히신문』 1957. 6. 4.

일본의 수상이 동남아시아 6개국을 순방한 것은 아시아태평양전쟁 이후 최초의 일로서 주목을 받았다. 이 지역은 전시하에 수많은 피해를 입었음에도 불구하고 샌프란시스코에서의 대일강화회의에 참가하지 않았다는 것을 생각할 때, 대전 중 자행된 일본군의 침략에 대한 진정한 사죄가 표명되어야 했다. 그러나 기시 수상의 발언 중에는 그에 합당한 말이 없었으며, 사죄의 핵심이어야 할 중국에 대한 적대감으로 볼 수 있는 발언만이 눈에 띄었다.

기시 수상이 제기한 '동남아시아 개발기금 구상'을 듣고 엔(円)에 의한 '대동아공영권 구상'이 아니냐고 웃던 고위 관료가 동남아시아에는 있었다. 6개국 순방의 피로가 채 가시기도 전에 기시 수상은 워싱턴으로 날아갔는데, 중심 안건이어야 할 오키나와 · 오가사와라(小笠原) 반환, 안보조약의 불평등성 해소 등은 덜레스

국무장관이 인정하지 않았고 안보 개정 검토 합동위원회의 설치를 합의하는 데 그쳤다. 반대로 중국 무역에 강력한 규제를 가한 것이 1958년의 중일 관계에 어두운 그림자를 드리우는 결과가 되었다.

냉전 구조의 틈새에서 춤추는 기시 수상의 모습은 중국에 과연 어떻게 비쳤을까? 일본 기자단과의 회견에서 저우언라이가 언급한 담화에서 그 모습은 이렇게 파악되고 있다.

> 기시 내각이 성립된 뒤 아시아 · 아프리카의 일원으로 기시 수상이 아시아 각국을 방문한 것은 좋은 일이다. 또 오늘날 일본이 놓여 있는 위치에서 볼 때 기시 수상이 지금 당장 중국을 방문하지 않는 것도 이해할 수 있다.
>
> 그런데 기시 수상은 대만에 갔다. 기시 씨가 하토야마 · 이시바시 · 요시다 세 사람이 지금까지 하지 않던 일을 했다는 것, 이것은 중국 인민에게 매우 큰 반감을 불러일으키고 있다. 그뿐만이 아니다. 『아사히신문』 6월 4일자 보도에 따르면, 기시 씨는 대만에서 장제스에게 "대륙을 회복한다는 것이 나로서는 매우 다행스럽다"고 말했다. 이것은 기시 노부스케 씨가 장제스의 대륙 회복을 지지하고 있다는 것, 6억 중국 인민을 공공연히 적대시하고 있다는 것을 드러낸다.
>
> … 현재 중일 무역은 발전하고 있으며 앞날은 창창하다. 중일 양국의 경제를 발전시키려면 중일 무역을 더욱 더 발전시키지 않으

면 안 된다. 그래야만 비로소 평화와 우호가 얻어지고 진정한 공존 공영이 가능하다.

그런데도 기시 내각은 제3차 중일 무역협정에서 정해 놓은 상호 민간통상대표부 설치 문제를 지지하지 않고 우리 대표의 지문 채취를 강조하며 통상대표부를 비공식적인 것으로 바꾸려 하고 있다. 이것은 우리나라를 모욕하는 일이며 실질적으로는 통상대표부의 설치를 방해하는 것이다. 중국은 일본의 통상대표부 설치에 대해 지금까지 어떠한 조건도 내걸려고 생각한 적이 없다.

— 후루카와 만타로, 『일중 전후 관계사』에서

저우언라이는 기시의 반공, 반중국 발언이 한없이 수위를 높여 가는 데에 거의 체념하고 있었던 것 같다. 그렇게 되면 대단원에 접어들고 있는 제4차 중일 민간무역협정 교섭에서 중국 측의 태도는 훨씬 원칙적인 입장으로 되돌아가는 것이 필연적인 흐름이다. 1957년 9월 21일 베이징에서 개시된 교섭은 40일을 써가면서 문제의 핵심이 된 '통상대표부 설치'에 대하여 다음과 같은 골자의 교섭으로 정리했다.

1. 쌍방은 본국 정부의 동의 아래 민간통상대표부 설치와 대표부원 안전보장, 임무 수행을 위해 다음과 같이 대우한다.

(1) 쌍방은 상대방 통상대표부와 대표부원의 안전을 보장할 적당한 조치를 취한다. 법률상의 분쟁이 발생하는 경우에는 쌍방이

동의한 방법으로 처리한다.

(2) 쌍방은 상대방 대표부원에 대해 출입국의 편의를 꾀하여 통관을 우대하고 무역 활동을 목적으로 한 여행의 자유를 부여한다.

(3) 업무상 필요한 암호 전보를 사용할 수 있도록 한다.

(4) 통상대표부는 대표부 건물에 본국 국기를 게양할 권리를 갖는다.

2. 통상대표부의 인원수는 임무 수행상의 필요에 따라 결정한다. 대표부원과 그 가족의 지문은 채취하지 않는다.

3. 이 각서는 협정 본문과 분리할 수 없는 불가분한 것이다.

— 후루카와 만타로, 『일중 전후 관계사』에서

제4차 중일 통상협정은 종래의 민간 주도를 격상시켜 준(準)외교기관으로까지 끌어올릴 것을 대표단이 상호 간에 인식하고 있었음을 보여 주었다. 실제로 이듬해인 1958년 2월에는 일본 철강업계와 중국 사이에 '중일 철강바터협정'이 체결되어, 제4차 협정이 체결될 경우 왕복 1억 달러 이상의 거래가 전망되는 정세였기 때문에, 도쿄와 베이징에서 통상대표부의 설치는 초미의 과제가 되고 있었음을 이 각서는 보여 준다. 일본 측 대표단 단장은 자민당 의원인 이케다 마사노스케(池田正之輔)로서, 지문 문제는 그럭저럭 해결했지만 대표단의 조인을 위해 베이징으로 향한 2월 22일 오전 각서에 대한 자민당 수정안이 이케다 등 자민당 소속 대표 단원들에게 갑자기 제시되었다.

1. 재판권은 쌍방 주재지의 국내법 원칙에 따른다. 외교관 특권은 부여하지 않기로 한다.

2. 국기 게양권을 규정한 조항을 삭제하기로 한다.

3. 통상대표부원의 인원수는 업무상 필요 최소한으로 한다.

4. 협정 및 각서는 쌍방 정부의 동의를 조건으로 한다.

— 후루카와 만타로, 『일중 전후 관계사』에서

4개월에 걸친 교섭에 의해 탄생한 각서의 알맹이를 빼버린 이 자민당 수정안은 당연히 중국 측이 받아들일 수 없는 것이었다. 일본 측 대표단은 '중일 무역 발전을 위해서는 각서 원안에 담긴 획기적인 방책'을 살릴 필요가 있다고 판단하여, 3월 5일 원안을 거의 수정하지 않고 제4차 협정을 조인하고자 했다.

2년 전 하토야마 이치로는 휠체어에 의지한 채 모스크바에 가서 일소 공동 성명에 조인하여 불완전하게나마 양국의 국교 회복을 도모했다. 측근인 고노 이치로(河野一郞) 등이 하토야마의 병든 몸을 부축했다. 만약 이시바시 단잔이 건재했다면 제4차 중일 민간무역협정 교섭은 이런 경과를 밟지는 않았을 것이다. 결국 기시 노부스케는 중일 관계 타개에 자신의 정치 생명을 걸 의사를 갖고 있지 않았던 것이다.

3월 5일, 기시 수상은 참의원 예산위원회에서 질문에 답하면서 국기 조항에 강력히 반대했다.

"(통상대표부가 국기를 게양할 권리를 갖는다는) 문구는 적당하지 않다. 협정의 발효는 정부의 동의를 조건으로 한다고 생각한다. 국기 조항이 그대로라면 협정이 조인되더라도 정부로서는 승인하기가 곤란하다고 본다."

기시는 여당 측 의석에서 터져 나온 박수의 세기를 냉정하게 확인하고 있었을 게 틀림없다. 기시가 띄운 응원의 함성에 호응이라도 하듯이 대만은 협정에 반대한다는 외교부 성명을 발표하고, 이어서 일본 정부의 협정 동의 저지를 위한 시위 행동을 일으켰다. 미국에서도 외압을 가해 왔다. 방일 중인 미국 상무차관이 일본경제단체연합회 주최 간담회에서 암묵적으로 협정 반대 의사를 전달했다. 대만과는 기시의 친서와 외교부 성명이 오갔고, 예궁차오(葉公超) 외교부장과 호리우치 겐스케(堀內謙介) 대만 대사는 수차례 회담을 가졌다.

중국과의 관계가 나날이 험악해져 가는 가운데 일본의 정국은 '담합 해산'이라는 이름의, 55년 체제 최초의 총선거로 쇄도해 나갔다.

기시 노부스케가 만들어 낸 쟁점은 냉전 구조 속의 '반공'이라는 입장에서 당면한 적은 사회당이 편드는 중국으로 결정되었으므로, 제4차 중일 민간무역협정 교섭의 경과는 모두 백을 흑으로 이용할 수 있게 되었다. 5월 2일, 나가사키에서 여기에 딱 들어맞듯 불가사의한 사건이 일어났다.

다음날 『아사히신문』의 1면은 상단에 중의원 선거 개시가 큰 글씨로 실렸고, 마치 선거 관련 기사가 포위라도 하듯이 중간 부분에 '중공기 끌어내리다/나가사키의 우표전시회/흥분한 청년'이라는 표제로, 이른바 '나가사키 국기(國旗) 사건'이 보도되었다.

> (나가사키발) 2일 오후 4시 20분경, 나가사키시 히가시하마초(東濱町)의 하마야(濱屋)백화점 4층 개최장에서 지난 4월 30일부터 개최 중인 일중우호협회 주최 중국 우표, 편지지, 다색판화 전시회장에서 구경하고 있던 한 쌍의 관객 가운데 30세가량의 남자가 점원이 없는 틈을 타 갑자기 전시장 왼쪽에 매달려 있던 중공기를 끌어내렸다. 놀란 담당자가 나가사키 경찰서에 통지하여 경찰이 그 남자를 연행해 취조했다.
>
> —『아사히신문』 1958. 5. 3.

남자는 취조에서 "중공기를 보고 화가 치밀어 제정신이 아닌 상태로 끌어내렸다"고 진술했고, 나가사키 경찰서는 "깃발이 훼손되지 않았기 때문에 기물 훼손에 저촉되는지를 판단하기 어렵다"고 사정 청취만 한 채 석방했다고 전해졌다. 같은 날 타이페이발 AP통신이 다음과 같이 보도하고 있는 것도 주목된다.

> 국민정부 외교부 대변인이 2일 말한 바에 따르면, 국부는 나가사키의 백화점에서 개최 중인 중공 우표, 종이 공예품 전시회에 중공기가 내걸린 것을 항의하기 위해 선(沈) 일본 대사와 나가사키 영사에게 항의문을 훈전(訓電)했다고 한다(강조점은 인용자).

두 기사에 관련성이 없었는지는 신문만 갖고 읽어 낼 도리가 없다. 나가사키 경찰서의 발표에 문제가 있었다. 남자를 연행하여 사정을 듣고 그날로 석방한 것도 신중하지 못했지만, "깃발이 훼손되지 않았기 때문에 기물 훼손에 저촉되는지"라는 말에는 시대 인식이 결여되어 있었다. 제4차 중일 민간무역협정 교섭 가운데 '국기'의 취급은 교섭의 초점이 되어 있었다는 것, 그 국기를 탁자나 꽃병과 마찬가지인 '기물'로 간주한 발표는 때가 때인 만큼 중국 측을 자극해 중화인민공화국 외교부장 천이(陳毅)가 장문의 항의 성명을 발표하는 사태를 불러일으켰다. 나아가 그 항의 성명에 대해 언급한 기시 수상의 5월 10일 선거 연설 중 다음과 같은 구절은 불길에 기름을 끼얹는 역할을 했다.

> 우리는 대만 국민정부와의 우호 관계를 무시하고 즉각 중공을 승인할 수 없다. 국기 문제에 대해 중공 정부는 좀 더 냉정히 생각해야 할 것이다. 상호 우호 관계에 있는 나라의 국기를 존중하는 것은 국제법상 당연하지만, 정치적 · 외교적 관계가 없는 나라의 국기를 외교 관계를 맺고 있는 나라와 동등하게 취급하는 것은 국제법 원리에 반한다. 국기 손괴죄(損壞罪)는 독립국으로서 서로 승인하고 있는 나라에만 적용되는 것이므로, 이 점에 대해 중공 정부가 이러쿵저러쿵하는 것은 일본의 정국에 어떤 영향을 미치려는 의도가 있는 것으로 생각할 수밖에 없다.
>
> — 후루카와 만타로, 『일중 전후 관계사』에서

형식 논리를 늘어놓고 전후 맥락도 없이 마구 비약하는 이 논법을 중국 측은 '법비(法匪)'라고 비판했다. 15년에 걸친 침략 전쟁에서 패배한 나라와 고난 끝에 대륙을 실효적으로 지배·독립하여 10년이 지난 나라 사이에 여전히 계속되고 있는 전쟁 상태에 어떻게 종지부를 찍을 것인가 하는 고려가 기시의 연설에는 빠져 있었다. 이날 홍콩통신은 홍콩 관측통의 견해를 「막혀 버린 타협의 길」이라는 제목 아래 이렇게 전하고 있다.

> 홍콩에서는 '일미 관계에 대한 중공의 분석과 인식은 일본 국민 이상으로 정밀할지 모른다'고 보이기까지 한다. 새삼스레 '중공의 강경화'가 전해지지만, 이것은 '중공이 일본을 아는' 만큼 '일본이 중공을 알지 못한 것'이라고 관측통은 말한다. 그리고 중공이 강경화되었다면 그것은 갑자기 시작된 것이 아니라 '기시 정권' 출현 이래의 일이고, 특히 기시 수상의 대만 방문이 이 경향을 강화했다고 말하고 있다.
>
> —『아사히신문』 1958. 5. 11.

나가사키 국기 사건을 하나의 전환점으로 어업 협정은 흔들리고 신규 상담(商談)은 중단되었으며, 우한(武漢)에서 열릴 예정이던 4억 엔 상당의 일본 상품 전시회가 취소되고 철강 협정도 암초에 걸리는 식으로 착착 쌓아 오던 중일 관계는 단숨에 무너져 내렸다.

총선거 종반에 기시 수상이 선거 연설에서 "중공 정부를 승인할 수 없다"고 명언한 것이 보도된 5월 11일, 베이징에서는 천이 외교부장이 "우리는 5월 11일을 기해 중일 간 경제 · 문화 교류를 모두 단절하기로 결정했다"는 성명을 발표한다.

인도적 문제로서 국교 정상화와 무관하게 일본 적십자와 중국 홍십자회 사이에 계속되어 오던 후기 귀환도 이로써 중단되었다. 사실 1956년 8월 1일 마이즈루에 입항한 귀국선 고안마루(興安丸)에는 석방된 전범 외에 일시 귀국 여성들이 포함되어 있어 인양원호국 담당자를 놀라게 한 적이 있었는데, 이후 수차례에 걸쳐 일시 귀국했다가 되돌아간 이 여성들은 패전의 혼란 속에 중국인 가정에 몸을 의지하고 중국인과의 사이에 태어난 자녀들이 있어서 바로 영주 귀국할 수 없다는 사정을 안고 있었다. 중국 당국은 일단 '고향 방문'이라는 명목으로 이 여성들의 일시 귀국을 인정한 것이리라. 이 일시 귀국 여성들을 통해 상당수의 여성과 고아가 중국 동북부에 남아 있다는 것을 일본 정부가 파악하고 있었을 것임은 상상하기 어렵지 않지만, 기시 정권의 반중국 정책의 결과 이들은 오랫동안 방치될 수밖에 없다.

호적에서 말살되다

총선거 기간에 지속된 기시 정권의 반중국 캠페인은 기막히게

적중했다. 자민당은 287석의 의석을 획득하여 166석의 사회당을 압도했다. 제2차 기시 내각의 발족 직후 개최된 중의원 '해외동포 귀환 및 유가족 원호에 관한 조사 특별위원회'에서의 논의는, 중일 간에 긴장을 불러일으킨 나가사키 국기 사건과 중일 관계 단절을 마치 잊어버리기라도 한 것처럼 저조한 가운데, 정부 설명원으로 등장한 고노 시즈오(河野鎮雄) 인양원호국장은 귀환 단절 후의 일본인 숫자에 관한 질문에 이렇게 대답했다.

> 앞선 보고에서 말씀드렸듯이 중공 측에서는 4천 명, 이번에 대표가 갔을 때 나온 숫자는 4천 수백 명일 거라는 말을 들었다고 합니다. 우리 쪽에서 추계하고 있는 바에 따르면, 그보다 좀 더 많은 대략 6천 명 정도로 보면 좋지 않을까 생각합니다. 다만 그 내역을 보자면, 이른바 국제결혼을 한 사람 또는 그쪽 중국인에게 입양된 어린이 같은 식으로, 실질적으로 중국인이 된 사람이 대부분이며… 일시 귀국의 희망을 갖고 계신 분은 매우 소수일 것이다, 그렇게 생각하고 있습니다.[22]

중의원 특별위원회라는 공식 석상에서 그 뒤 '잔류 여성', '잔류 고아'라고 불리게 될 사람들이 약 6천 명 존재한다는 사실을

22 「중의원 해외동포 귀환 및 유가족 원호에 관한 조사 특별위원회 의사록」, 1958. 7. 17.

후생성 인양원호국장이 인정한 것은 이것이 처음이었다. 중국 측 발표보다 정확한 추정 숫자를 파악하고 있던 점도 주목해야 하지만, 그 내역을 설명하면서 '국제결혼을 한 여성', '중국인에게 입양된 어린이'라는 말이 사용되고 있는 데에는 1945년 8월 최고전쟁지도회의의 '현지 정착'과 '국적 불문'이라는 지시가 고스란히 투영되어 있음을 엿볼 수가 있다. 6천 명의 앙케트를 조사했을 리 없는데도 제멋대로, 더욱이 인양원호국장 스스로 '실질적으로 중국인이 된 사람이 대부분'이며 '귀국의 희망을 갖고 계신 분은 매우 소수'라고 잘라 말한 것은 자신의 직책을 포기한 것과 다름없다. 그러나 회의장에서 이 발언에 이의를 제기하는 의원은 하나도 없었다. 바로 여기에 자민당 대승 직후 일본의 정치 기상(氣象)이 반영되어 있다.

35년 만에 조국 땅을 밟은 잔류 여성 중 한 사람이 "일본어를 잊지 않으려고 매일 밤 집 밖으로 나가 별빛 쏟아지는 하늘 아래에서 기억하고 있는 노래들을 되풀이해서 부르기로 했지요" 하고 유창한 일본어로 대답하던 것이 잊히지 않는다. "그래요. 일본어를 기억하는 데에는 노래를 부르는 게 최고죠. 나도 누가 듣지 못하도록 목소리를 낮춰서 열심히 노래를 부르고 또 불렀어요" 하고 또 다른 여성도 입을 모아 말했다. '국제결혼'이라는 명목의 '자기책임론'에 의해 조국으로부터 버림을 당한 여성들의 얼어붙은 듯한 마음, 그것은 자기 직책을 포기한 것과 마찬가지인 인양원호국장의 상상력을 훌쩍 뛰어넘는 곳에 자리 잡고 있었을 것이다.

이 특별위원회 석상에서 후생대신 하시모토 류고(橋本龍伍)가 "11월까지 인양원호국은 폐지될 것"이라고 중대 발언을 했는데, 실제로 최후의 지방 인양원호국이라고 할 마이즈루항 사무소가 철거되고 마침내 본 성(省)의 인양원호국에서 '인양'이라는 글자가 사라지기까지는 2년 남짓한 공백이 있었다. 이는 제2차 기시 내각의 정치 과제가 '경직법(警職法) 개정'과 '일미 안보 개정'으로 수렴되면서 정국이 대혼란에 빠졌기 때문인 것이 분명하다. 그러나 '인양원호국'이 '원호국'으로 축소된 것도 후생성의 이해관계와 관련되는 중요한 문제였을 것이다.

그 언저리의 경위는 1997년에 편찬된『원호 50년사』에서 정확하게 읽어 낼 수 없지만, 1963년에 거의 실시간 자료로 편집된『속속(續續) 인양원호의 기록』에는 상세히 기록되어 있다. 원호국의 주요 업무는 군인 유가족의 은급(恩給) 개정, 태평양 전적지에 남겨진 유골의 수습과 위령, B·C급 전범의 야스쿠니신사 합사(合祀) 등으로 이 업무들은 구 복원성(復員省)의 전통으로 다시 기울어지고 있던 것인데, 그것이 정권 여당으로서는 선거 시 집표력(集票力)의 기반과 통하는 것이기도 했음은 상상하기 어렵지 않다.

그러나 1958년 12월 국회에 상정되어 이듬해 3월에 성립된「미귀환자 특별조치법」은 위에 언급한 일련의 업무와는 달리 중일 관계의 단절 때문에 만들어진 법률이었다.

이미 살펴본 것처럼 후기 귀환이 민간 주도로 추진되고 있던 1955년 여름 시게미쓰 외무장관은, 하토야마 수상이 몰두한 일소 화평 교섭에 대항이라도 하듯이 4만 명이 넘는 행방불명자의 확인 조사와 유해 송환을 촉구하는 각서를 제네바 주재 중국 총영사에게 건넸다. 이것은 매우 당돌하고도 고압적으로 받아들여질 수 있는 수법으로서 이원(二元) 외교의 실패 사례라고 할 수 있지만, 기시 내각에서는 정밀성을 가장하여 미귀환자 3만 5,761명이라고 좀 더 상세한 숫자로 바꾸어 제네바 교섭을 계속하려 하고 있었다. 들어올린 주먹을 내려놓기가 마땅치 않은 상황과 같이, 정부는 대중국 관계의 단절을 계기로 「미귀환자 특별조치법」에 의해서밖에는 처리할 수 없게 되었다고 해야 할 것이다.

미귀환자의 사망 처리에 대해서는 제국헌법하의 호적법에 "실종 선고를 청구할 수 있는 자는 부재자와 이해관계가 있는 사람으로 제한되어" 있어, 아시아태평양전쟁의 여러 전투에서 수송선이 침몰되었을 때조차 "주위 상황에 비추어 만에 하나라도 생존이 의심되지 않는 경우"라는 엄격한 틀이 설정되어 있었다. 패전의 혼란 속에서 특히 만주에서 행방불명된 이들의 생존 여부는 가장 골머리를 썩인 문제였음이 틀림없다. 이렇게 생각하자면 외무성이 외교의 상식을 일탈이라도 하듯이 제네바 교섭에서 당돌하게 미귀환자의 조사 · 구명(究明)을 중국 측에 몇 차례나 촉구한 것은, 「미귀환자 특별조치법」으로 나아가기 위한 포석과 중첩되는 작업이었다고 볼 수 있다.

마치 중일 관계가 단절되고서야 비로소 작심이나 한 것처럼, 「미귀환자 특별조치법」의 성립에 의해 최종 정보로부터 7년이 지난 후에도 생존이 확인되지 않은 개인에 대해서는 국가(후생대신)가 전시 사망선고를 내릴 수 있게 되었다. 사태의 중요성 때문에 법적 검토 외에 조위금 3만 엔, 은급법 적용, 군인이나 군속일 경우 야스쿠니 합사 등의 조치가 강구되었으나 명백하게 화근을 남겼다. 만주에 남겨진 여성과 고아 상당수는 이름도 명기되지 않았고, 특히 유년기에 중국인 가정에 입양된 고아는 대부분 자신의 고유한 일본 이름조차 잊어버렸다. 따라서 후생성이 가진 무성의한 자료로 생사를 판정하기에는 무리가 있었다. 하물며 관계가 단절된 상태인 중국 동북부에 살아남은 여성과 고아의 소식이 전해질 리 없어서 7년으로 정해진 기한은 눈 깜짝할 사이에 지나가 버리고 말았다. 이리하여 국가가 개인의 생존 여부를 결정한다는 고금을 통틀어 미증유의 법률을 성립시킴으로써 수많은 잔류 일본인의 이름이 호적에서 말소되고 묘표(墓標)가 세워졌다.

수상 기시 노부스케에 의한 도발적이라고 할 반중국 정책으로 초래된 귀환의 단절은 이후 14년간 마치 시곗바늘을 거꾸로 돌리듯이 중일 국교 정상화를 동결시켜 중국에 남겨진 잔류 일본인의 귀국에 돌이킬 수 없는 시간적 타격을 안겼다. 더욱이 귀환이 단절된 지 반년도 안 된 사이에 만들어진 「미귀환자 특별조치법」에 의해 다수의 잔류 일본인이 '전시 사망선고'를 받아 호적에서 말소되고, 그로 인해 중일 국교가 회복된 뒤 귀국이 지연되는 데에 큰 영향을 끼쳤다는 사실을 잊어서는 안 된다.

'전시 사망선고'란 실제로 어떤 절차를 밟아 이루어졌던 것일까? 『나가노현 만주 개척사 명부 편』에 실려 있는 제7차 중허전(中和鎭) 시나노촌개척단의 이시자카 하쿠아이(石坂博愛) 씨 일가의 사례를 살펴보기로 하자.

이 개척단은 나가노현이 현 전체에서 단원을 모집하고 선발대는 앞에서 언급한 분촌 이민의 모델이 된 스자팡 오히나타촌개척단과 같은 날 쓰루가항에서 떠났는데, 입식 후보지를 둘러싼 갈등으로 단장이 파면되는 등 앞길에 어려움이 많을 것이 예상되었다. 더욱이 현 전체 규모로 모집했기 때문에 속마음까지 아는 분촌 이민과는 달리 서로 친분이 깊지 않아 개척단의 최종 국면에서도 통일성이 결여되어 있었다는 것을, 『명부 편』을 보면 알 수가 있다(〈표 7〉 참조).

이시자카 씨 일가는 나가노시 근처의 가미미노치군 기타오가와촌(上水內郡 北小川村)에서 참가했는데 일가의 최종 소식, 최후

〈표 7〉 이시자카 씨 일가의 사례(『나가노현 만주 개척사 명부 편』)

이름	성별	관계	나이	본적지	출발지	생사	최종 소식	최후 장소	생사 이유
이시자카 하쿠아이(石坂博愛)	남	본인	36	가미미노치군 기타오가와촌(上水內郡北小川村)	–	사망	–	시베리아	–
이시자카 사요코(石坂小夜子)	여	처	30	–	–	사망	–	–	–
이시자카 마스미(石坂ますみ)	여	장녀	3	–	–	미귀환	–	–	잔류
이시카자 마사토시(石坂政敏)	남	장남	1	–	–	미귀환	–	–	잔류

를 맞이한 장소, 생사의 이유 등은 아무도 지켜본 이가 없어서 공란(-표시)이 도드라진다.

이 명부가 만들어지기 직전까지 이시자카 일가 4명은 사망한 것으로 되어 있었다. 모자 3명이 패전 후에도 살아남았다는 사실이 알려진 것은 패전 후 40년이 지나 장녀인 이시자카 마스미(石坂万壽美) 씨가 마침내 일시 귀국한 1985년이 되어서의 일이었다.

중허전 시나노촌개척단의 단지(團誌)인 『추억, 아아 중허전』[23]에 따르면, 8월 9일의 소련군 참전 정보는 어디에도 닿지 않은 채 8월 15일 현공서가 일소 정전을 알렸고 이튿날 우창현(五常縣) 방면으로 이동하라는 지시가 있었으나 그것도 저녁에는 중지되었다가 8월 17일에야 무조건 항복의 사실이 전해졌다. 불안과 공포에 휩싸인 가운데 시간이 흘렀지만 불온한 기운은 없는 채 현지에 머물렀다.

8월 29일 갑자기 상황이 변했다.

이른 아침, 본부의 가공(加工) 공장이 폭민(暴民)에게 습격당하고 부근의 중국인들까지 가세하여 300명 정도의 폭민이 집집마다 불을 지르고 무기, 물품, 가축을 약탈했다. 같은 시간 2천 명이 넘는 다른 개척단 피난민이 통화 방면에서 중허전으로 흘러들어와 소학교에 집결했다고 하니까, 폭민의 행동은 2천 명 가까운 무장 피난민의 유입을 우려해서 발생한 것인지도 모른다.

---

23 小林太樹 外 編, 『追憶ああ中和鎮』, 1975.

정보는 팡정현(方正縣)에 진주해 있던 소련군에게 알려졌다. 다음날 다섯 대의 차에 나누어 탄 소련군이 나타나 개척단을 무장해제시키는 동시에 본부 사무원을 비롯한 남자들을 팡정으로 연행했다. 그 뒤 폭민은 수천 명으로 불어나 교원 주택에 불을 지르고 약탈을 자행하고 나서 물러났다. 불과 이틀간의 동란으로 중허전 시나노촌개척단은 붕괴되었다.

지도자를 잃은 중허전 시나노촌의 노인 · 여성 · 어린이는 피난민 2천 명에 섞여 팡정 방면으로 갈 수밖에 없었지만, 수십 명의 일본군 패잔병을 숨겨 주고 있던 6구(區)의 단원 백수십 명은 자결하기로 결정하고, 어머니들은 아이를 안은 채 병사들의 기총 소사 아래 모두 사망하는 참극이 일어났다. 가까스로 팡정의 수용소에 당도했지만 10월에 접어들자 발진티푸스와 홍역으로 쓰러지는 노인이 나오기 시작했고, 11월이 되면서 전염병이 맹위를 떨쳐 유아들이 하나둘씩 희생되어 나갔음을 명부에서 읽어 낼 수 있다. 아이들의 목숨을 구하려면, 일본인 아이를 원한다고 찾아온 팡정의 중국인에게 맡길 수밖에 없었다.

그러나 중허전 시나노촌개척단의 미귀환자 명부에서 '산장성 팡정현'보다 '빈장성 옌서우현(濱江省 延壽縣) 중허전 · 자신전(嘉信鎭)' 쪽이 압도적으로 눈에 띄는 까닭은 무엇일까? 이시자카 마스미 씨 또한 빈장성 옌서우현 자신전의 농민 리우밍유엔(劉銘遠), 자오펑전(矯鳳珍) 부부에게 맡겨졌다. 세 살짜리 여자아이는 이때 중한 병에 걸려 있어서 속마음을 아는 리우 씨 부부에게 맡기는 것이 최선의 길이라고 생각한 엄마 사요코 씨의 과감한 대처였다고 해야 할 것이다.

11월 중순, 팡정 수용소는 소련군 소관에서 국민당 계통 보안대의 소관으로 넘어갔다. 여성들에게 강간의 공포가 사라지기는 했으나 배급 식량은 하루에 수수 한 줌으로 줄었고, 12월에 접어들자 보안대는 12월 30일부터 일체 손을 뗀다고 통고해 왔다. 퇴로를 차단당한 여성들은 구수회의 결과 희망자를 모아 12월 21일 영하 30도의 길을 추위를 막아 줄 외투도 없이 아이들을 등에 업고 중허전으로 향했다. 도중에 조선인 부락에서 잠자리를 제공받고 1월 1일 자신전에 도착했다. 이시자카 사요코 씨는 자필 서명한 편지를 리우밍유엔 씨에게 맡기고 생후 1년도 안 된 장남을 업은 채 또 한 사람의 믿을 만한 농민의 비호를 받는 길을 택했다.

나가노현에 청구해서 열람한 「이시자카 마스미 관계 정보」 파일은 100점 이상으로, 194쪽이 넘는 두터운 것이었지만 내용은 매우 빈약했다. 그러나 중국명 리우웨잉(劉月英) 본인이 일본명 이시자카 마스미라는 것을 알기도 전에 후생성이 그녀의 생존을 파악하고 있었다고 하는 사실에 나는 놀랐다.

1958년 4월 상순, 후기 귀환이 단절되기 직전인 제17차 귀환자의 증언에는 다음과 같은 요지의 사실이 기록되어 있다.

상하이시 공공 기차 공사에 재직 중인 벗 왕구이쉐(王貴學) 씨(헤이룽장성 옌시우현 출신)가 구정 연휴에 휴가를 받아 귀성했을 때, 친척이 사는 마을에 15~16세가량의 일본인 여아가 있다면서 대략 다음과 같이 말해 주었다.

1. 이름은 서우메이(壽美), 본명은 이시자카 마스미라는 것.

2. 아버지는 군대로 가버렸다고 하는데 실상은 알 수 없다. 지금 어디 있는지도 모른다. 어머니는 몇 년 전에 죽고 지금은 동생과 단 둘이 된 데다 그마저 서로 헤어져 버렸다. 동생도 건강하다.

3. 나가노 현 출신이라는 것.

이상을 증명합니다.

제17차 귀환자 서명

1957년 7월 2일

— 나가노현 「이시자카 마스미 관계 정보」

1959년 7월 2일이라면 「미귀환자 특별조치법」이 공포된 지 3개월 뒤인데, 이 증언은 후생성이 전시 사망선고 작업을 진행하기 시작했음을 보여 준다. 파일을 뒤져 나가자, 이미 전해 7월에 최후의 귀환선인 고안마루로 귀국한 이치무라 아카시(市村明司)라는 귀환자로부터도 이시자카 마스미가 건재하다는 정보가 후생성에 보고되었고, 복수의 정보를 교차시켜 마스미의 숙부가 오가와촌에 있다는 사실을 알게 되었다.

그리하여 정부(후생성)는 이시자카 마스미 구명 건은 현과 오가와촌(小川村)에 위임하고 정해진 서식에 따라 매년 정부에 조사 결과를 보고할 의무를 부과했다. 그런데 현과 촌이 관계가 단절된 중국으로부터 어떻게 정보를 얻으면 좋단 말인가? 정부의 회답은 단 하나, 친족을 설득해서 현지로 편지를 써 보내면 된다는 것이었다. 아직 잔류하고 있는 것은 나라의 책임이 아니라 지방자치체, 아니 친족의 책임이라고 하는 것이나 다름없었다. 이리하여 현과 촌에는 매번 “현지 통신을 권유했습니다”라는 보고서가 쌓여 갈 뿐이었다. 산간 마을에 사는 친족에게 어떻게 중국에 편지를 보내면 좋은지 친절하게 지도한 흔적이라고는 없다. ‘잔류 가족의 의향’ 난을 보면 마치 도장이라도 찍은 것처럼, “소식을 알고 싶다. 조사 속행(續行)을 희망한다”는 잔류 가족들의 말이 매년 적혀 있다. 7년이 경과해도 새로운 정보가 없으면 후생장관을 대신하여 현지사가 전시 사망선고를 할 수 있도록 위임되고, 가정재판소가 이를 승인하면 자동적으로 호적에서 말소되며, 잔류 가족에게 조위금 3만 엔을 지급한다는 것이 「미귀환자 특별조치법」의 골자였다.

힘 겨루기와도 같은 7년이 경과하여 이를 받아들인 친족도 있었지만, 「이시자카 마스미 관계 정보」의 ‘잔류 가족의 의향’ 난에는 “본인이 영구 귀국을 희망한다면 받아들이고 싶다”고 적혀 있고, 또 한 번의 7년, 도합 14년 간의 조사 기록이 쌓여 있다. 옳든 그르든 구명하고자 하는 관(官)의 의지는 어디에서도 느껴지지 않는 공허한 기록이다.

「이시자카 마스미 관계 정보」 파일의 마지막 부분에 1971년 6월 23일자로 「미귀환자 특별조치법 제2조 1항에 해당한다고 인정되는 자에 관하여」라는 통지서가 후생성에서 나가노현 지사에게 발송되었다는 사실이 밝혀졌다. 마치 힘 겨루기에서 진 것처럼 친족들이 설득을 당한 것이 분명하다. 마스미 씨의 사망 선고일은 1965년 2월 28일로 되어 있다. 상하이시 공공 기차 공사의 왕구이쉐 씨가 구정에 고향으로 돌아가 서우메이, 즉 일본 이름 이시자카 마스미라는 소녀가 극빈 속에서도 사범학교에 합격하여 마을에서 좋은 평판을 받고 있다는 사실을 알게 된 날로부터 헤아리자면 만 7년이 되는 날에 해당한다.

파일의 마지막 서류에 이시자카 마스미의 전시 사망선고서가 현에서 오가와 촌사무소에 송부된 것이 1972년 7월 17일로 되어 있는데, 이것으로 그의 생존 조사가 종결된다. 그로부터 2개월 뒤에 다나카 가쿠에이(田中角榮) 수상이 중국을 방문함으로써 중일 간의 국교 회복이 겨우 실현되었다. 이시자카 마스미뿐만 아니라 중일 국교 회복 직전 전시 사망선고로 호적에서 이름이 지워진 '잔류 고아'가 눈에 띄는 것은 왜일까?

이시자카 마스미 씨가 동생인 마사토시(政敏) 씨와 함께 귀국한 것은 국교 정상화 이후 20년의 세월이 흐른 뒤였다. 그는 국가배상청구 소송의 나가노현 원고단 부단장으로 추대되었다.

제4장

귀국을 향한 머나먼 길

못 믿을 일본 정부

1972년 2월 21일 닉슨 미국 대통령이 중국을 방문했다는 뉴스가 속보로 전해졌다. 마오쩌둥(毛澤東) 주석과의 회견에 이어 저우언라이 수상과의 회담에서 미중 공동성명(상하이 코뮤니케)이 발표된 것은 2월 27일의 일이다.

친(親)대만 정책을 취해 온 사토 에이사쿠(佐藤榮作) 내각에게는 이미 중국과의 관계를 타개할 힘이 없었다. 그 과제는 후속 내각인 다나카 가쿠에이 내각의 손에 맡겨져서, 마치 닉슨을 따라하듯 다나카의 중국 방문이 실현된 것은 7개월 뒤였다.

9월 25일 다나카 수상, 중국으로 출발. 저우언라이 수상과 회담. 국교 정상화의 기본 방침에 합의.

9월 27일 다나카 수상, 마오쩌둥 주석과 회담.

9월 29일 중일 양국 수상, 중일 공동성명 조인, 국교 수립(일본 측은 전쟁으로 중국 국민에게 중대한 손해를 입힌 책임을 통감하며 깊이 반성하고 복교 3원칙을 존중. 중국 측은 배상 포기. 양국이 평화 우호 조약 체결에 동의). 오히라(大平) 외상, 일본 · 대만 조약은 존속할 의의를 잃어 종료됨을 표명.

중일 전쟁 상태 종결, 국교 정상화.

—『근대일본 종합연표』(1991)에서

'국교 회복'이라는 뉴스가 사도개척단 터의 참극 가운데에서 기적적으로 살아남은 베니야 도라오(紅谷寅夫) 소년(이때는 이미 34세의 수의사가 되어 있었다)의 집에 전해진 것은 2개월 정도 지난 뒤의 일이었다. 보리현 공안국에 나가 보니 50~60명의 잔류 일본인이 모여 있었다. 같은 하니시나향개척단 생존자인 가미사와 아사코(上澤朝子) 씨, 아오야마촌 소학교에 함께 있던 몇몇 친구들과 20여 년 만에 다시 만난 자리에서 공안국의 리우(劉) 씨는 이런 설명을 했다.

"다나카 가쿠에이와 저우언라이 총리가 협의를 했습니다. 일본으로 돌아가고 싶은 사람은 일본에서의 자기 주소, 이름, 그리고 알고 있는 다른 일본인이 있는 경우 그 사람의 이름 등을 공안국에 알려 주세요. 공안국에서 절차를 밟아 일본으로 귀국시킬 겁니다. 귀국 여비는 일본 정부와 중국 정부 모두 댄다고 합니다. 일본 귀국은 일시 귀국도 영주 귀국도 됩니다. 이건 저우언라이 총리의 명령입니다. 전국적으로 잔류 일본인이 소집되어 여러분과 똑같은 이야기를 듣고 있습니다."

패전으로부터 햇수로 27년, 비참하고도 고통스러운 체험이 가슴을 스친다.

양부모는 소년이 일본인이라는 사실이 알려지지 않도록 칭산

촌(青山村)에서 싱푸촌(幸福村)으로 이사를 갔지만, 소년의 어색한 중국어 말투 때문에 번번히 샤오르번(小日本) · 르번쿠이즈(日本鬼子)라고 매도하는 소리가 따라다녔다. 다리 위에 넘어뜨려 놓고는 오줌 세례를 퍼붓던 일, 억지로 똥 덩어리를 입에 처넣는 수모를 당하던 일 등 죽어도 잊을 수 없는 낙인이 가슴에 남았다. 문화대혁명이 시작되자 르번쿠이나 일본 스파이라는 글씨가 적힌 긴 모자를 씌운 채 벽돌 위에 무릎을 꿇리는 굴욕을 당하던 일도 트라우마를 남겼다. 몇 번이나 죽어야지 했지만 이왕 죽을 거라면 일본에서 죽고 싶다는 생각에 이를 꽉 깨물고 견뎌 냈다.

베니야와 나가노만은 잊지 말자고 열심히 외우고 또 외웠지만, 도라오(寅夫)와 마쓰시로(松代)는 기억에서 지워져 버렸다. 가미사와(上澤)의 아사코(朝子) 누이가 '도라짱'이라는 이름과 출신지 마쓰시로를 기억해 내주었기에 간신히 공안국 서류에 써넣을 수가 있었다. 그날 집으로 돌아와 홀로 축배를 들면서 하염없이 눈물을 흘렸다. '국교 회복'의 뉴스를 몸속의 피가 끓어오르는 것 같은 감동의 심정으로 듣던 사람은 바로 28년 동안 방치되어 온 잔류 일본인들 자신이었음을 알 수 있다.

중국 잔류 일본인들의 기뻐 춤출 듯한 심정에 감응하는 움직임이 일본 측에도 있었다. 나가노현 시모이나군 아치촌(阿智村)의 승려 야마모토 지쇼(山本慈昭)[24] 씨는 나가노현이 최후로 송출

---

24 1902~1990. 나가노 현 출신으로 패전 당시 만수의 한 개척단 초등학교

한 제13차 베이하마(北哈嗎) 아치향개척단의 임시 교원으로서 일가를 이끌고 1945년 4월 30일 고향을 떠났다. 그때 만주로 보낸 교과서는 결국 패전 때까지 도착하지 않아 만주국의 요구에 따라 학생들과 이질풀 따위를 채집하면서 지냈다. 그야말로 약초 채집을 하러 머나먼 바다를 건넌 것과 같은 개척단 생활이었다. 패전 후의 혼란 속에서 아치향개척단도 사도개척단 자리로 섞여 들어갔으나 비극에 휘말리기 직전 탈출을 꾀했다. 하지만 남자들은 소련군에게 연행되었기 때문에 196명 중에서 모촌으로 돌아간 사람은 47명에 불과했다. 공교롭게도 시베리아로 보내진 야마모토 지쇼 씨가 귀촌 제1호였는데, 그것이야말로 이 스님이 전후(戰後)를 살아간 방식을 결정했는지도 모른다. 다수의 학생을 사지로 몰아넣은 것, 야마모토 일가가 돌아올 수 없게 된 것, 그리고 20명이 넘는 잔류 고아를 만든 것이 중일 국교 회복을 기다리고만 있을 수 없다는 듯 이 스님을 잔류 고아의 귀국 문제 해결로 내몰았다. 진흙이 잔뜩 묻은 신발을 신고 센 리큐(千利休) 모자를[25] 쓴 야마모토 씨가 후생성에 갈 때마다 '수상한 스님이 귀찮게 또 왔네' 하는 식의 응대를 받던 것은, 전시 사망선고의

교장이었으며, 1947년 귀국한 뒤 1948년 '일중 우호 손을 잡는 모임'을 결성하고 잔류 일본인 혈육 조사 등을 도와 헌신적인 활동을 한 인물. '중국 잔류 고아의 아버지'라고도 불린다. 和田登, 『望郷 — 中國殘留孤兒の父・山本慈昭』, くもん出版, 1987 참조. — 옮긴이

25 일본 다도의 완성자인 센 리큐가 쓰던 접시 모양의 견직물 모자로서 승려들이 많이 착용한다. — 옮긴이

조사가 순조롭게 진행되고 있을 무렵이었다. 괌과 필리핀에서 잔류 일본군인 요코이 쇼이치(横井庄一) 중사와 오노다 히로오(小野田寬郞)[26] 소위를 수색하는 데 1억 엔이 넘는 구원 비용을 대던 원호국에서 '중국 잔류 일본인'의 현지 조사를 할 예산은 없다는 말을 들었다.

중일 국교 정상화와 함께 야마모토 지쇼 씨가 '일중 우호 손을 잡는 모임'을 결성하고, 급기야는 스스로 방중하여 '잔류 여성'을 찾아 나서 귀국으로의 길을 연 배경에는 일본 정부를 못 믿겠다는 경험적 지식이 깔려 있었다.

국교 회복과 함께 베이징에 개설된 일본 대사관에는 잔류 일본인들의 편지가 쇄도하기 시작했는데, 이에 대한 외무성의 반응은 엄청나게 둔했다. 잔류 일본인 문제야말로 국교 회복과 동시에 해결해야 할 과제라는 인식이 결여되어 있던 건 아닐까 의심스러울 정도였다. 그와는 반대로 중국 측은 이미 살펴본 바와 같이 공안국을 통해서 2개월 뒤에는 보리 같은 오지까지 중일 국교 회복을 주지시키고 있었다. 귀국 희망 조사가 집약되어 중국 측의 방침이 결정된 1973년 5월 31일, 랴오청즈(廖承志)[27] 중일 우

26 1974년까지 필리핀 루방(Lubang) 섬의 밀림에서 항복하지 않고 게릴라 활동을 계속한 일본군. 1960년 일본 정부에 의해 전사 처리된 바 있었으나, 민족적 '영웅'으로 귀환했다가 브라질로 가서 목장을 경영하는 한편 일본에 '오노다 자연학교'를 설립하고 우익 정치 활동에 종사하였다.—옮긴이

27 1908~1983. 중국의 정치가. 정협(政協) 상임위원, 중국공산당 중앙위원, 중

호협회 회장이 중국을 방문한 일본인 대표단에게 "현재 중국에는 중국인과 결혼하거나 중국인 가정의 가족이 된 일본인이 약 5천 명 있다. 이 중에는 중국에 영주하려는 자, 귀국하고 싶어 하는 자, 또는 일시적으로 고향 방문을 하려는 자가 있다. 우리는 어느 쪽에 대해서나 희망대로 해주려 노력하고 있다"고 하여 세 가지 선택지를 제시하며 유연한 대응을 보였다.

그리고 그로부터 사흘 뒤 중국을 방문 중이던 자민당의 가와사키 슈지(川崎秀二) 의원과의 회견에서 저우언라이는 "중국에 있는 일본인으로서 중국인의 아내나 가족이 되어 있는 사람들의 고향 방문을 전면적으로 지원하고자 한다"라고 랴오청즈의 발언을 수정하여 고향 방문에 역점을 둔 설명을 하고 있는 점이 눈길을 끈다. 국교 정상화가 된 지 이미 8개월이 지나려 하고 있는데도 일본 측으로부터 잔류 일본인 수용에 대한 확실한 방침이 제시되고 있지 않던 것이, 저우언라이로서는 신경이 쓰였을 것이다. 일본 대사관과 마찬가지로 공안국을 통해 중국 정부에게도 다수의 잔류 일본인으로부터 문의가 쇄도하고 있었다. 동북 지구의 공안 관계 보고서도 저우언라이에게 알려져 있었을 게 분명하다. 거기에 따르면 28년 전의 전란 속에서 어쩔 수 없이 중국인의 아내가 된 여성들은 자신의 일본 이름과 출신지를 잊지 않

일 우호협회 회장 등을 역임하였다. 문화대혁명 이후 국무원 외사판공실 주임, 헌법수정위원, 중국공산당 중앙정치국위원 등을 지냈다.—옮긴이

〈표 8〉 잔류 고아 및 잔류 여성의 귀국 상황

(단위 : 명)

연도	영주 귀국		일시 귀국(고향 방문)	
	잔류 고아(명)	잔류 여성(명)	잔류 고아(명)	잔류 여성(명)
1972	0	19	0	0
1973	0	70	0	48
1974	1	181	0	587
1975	9	170	14	898
1976	12	100	31	448
1977	13	60	20	262
1978	20	80	34	199
1979	24	118	37	235
1980	26	147	42	169
계	105	945	178	2,846

* 출전 : 후생성 자료에서 작성.

고 기억하고 있으며, 고향과 통신을 주고받는 사람이 적지 않았다. 그러나 그들에게는 이미 성인이 된 자녀와 손주까지 있어 영주 귀국이라도 할라치면 이산가족이 나올지도 모른다. 28년의 공백을 메우면서 어떤 영주의 방법이 있을지, 고향 방문이라는 이름의 일시 귀국을 통해 제대로 확인하고 올 필요가 있으리라는 것이 현실 정치가 저우언라이의 배려였고, 그의 눈은 일본 정부의 대응을 예의 주시하고 있던 게 틀림없다.

〈표 8〉은 1972~1980년 사이의 잔류 고아 · 잔류 여성의 귀국 상황을 정리한 것인데, 잔류 고아에 비해 잔류 여성의 영주 귀국, 특히 일시 귀국이 이 시기에 압도적으로 많았다는 것, 그리고 저우인라이가 밀한 중국 측의 '진면적 지원'이 있었다는 것을 분명

히 읽어 낼 수 있다.

그러나 국교 회복까지 28년 동안 생각해 본 적이 없던 여성들에 대한 일본 정부의 대응은 냉랭했다. 귀환 단절 직후 인양원호국장이 말한 '국제결혼을 한 여성'이라는 정의가 원호국과 세관에 정착되어 있어서, 일시 귀국의 왕복 여비는 친족의 신청에 근거하여 지급되었고 입국도 출국도 외국인으로 취급당했다. 촌의 호적에 이름이 남아 있는 사람도 있고 묘비에 이름이 새겨진 사람도 있었지만, 영주 귀국을 하려면 귀화해야 한다고 하였다. 1945년 여름부터 겨울까지 '북만주'에서 일어난 역사는 전혀 고려되지 않은 채 13세 이상 여성의 결혼은 모두 자기 의사에 따른 '국제결혼'으로 간주되었다.

수개월에 걸친 고향 방문 기간의 체재비는 친족 책임으로 맡겨져 상호부조의 힘이 약해진 농산촌의 친척이나 도회지에 나가 핵가족화한 친족에게는 커다란 부담이 되었다. 일시 귀국자들 사이에 어느 틈엔가 찬바람이 불었을 것임은 상상하기 어렵지 않다.

중국의 대지에 뿌리내리도록 강요받은 여성들에게는 4~5명의 자녀가 생겨나 "자식들이 결혼도 하고 손주도 낳았다"는 말을 들으면, 영주를 권유하는 친족들의 입은 점점 무거워져 간다. 일시 귀국 여성들의 마음도 무거워져 영주의 길이 영원히 닫혀 버린 듯한 트라우마를 간직한 채 다시 중국으로 돌아간 여성들이 많았다는 것을 위 표의 숫자들이 말해 준다.

후생성의 『원호 50년사』에는 '중국 잔류 여성'이라고 하여 다음과 같은 주(注)가 붙어 있다.

> '중국 잔류 여성'에 대해 특단의 정의는 없으나, 중국 동북부 등지에서 종전 전후의 혼란 속에 생활 수단을 잃고 중국인의 아내가 되는 등 중국에 생활 기반이 생겼기 때문에 중국에 머물러 현재에 이르는 일본 여성을 일반적으로 중국 잔류 여성이라 부른다.
>
> 또한 중국에 잔류하고 있는 일본인은 여성이 태반을 차지하고 있지만 남성도 일부 포함되어 있기 때문에 중국 잔류 여성 등이라고 표현한다(강조점은 인용자).

여기에서는 잔류 여성과 잔류 고아의 구별은 보이지 않으나, '귀환 · 원호'의 대상으로서 패전 시 13세 미만, 즉 초등학교 6학년까지의 어린이를 '잔류 고아'라 부르고 초등학교 6학년을 마친 13세 이상의 여성을 '잔류 여성'으로 취급해 온 것은 확실하다. 패전부터 국교 회복까지 27년의 세월이 흐르고 보니, 패전 직후 12세이던 잔류 고아와 13세이던 잔류 여성이라는 대략적인 구분법은 완전히 무의미해져 잔류 고아와 잔류 여성의 귀국 문제는 똑같이 중국 잔류 일본인의 귀국 문제로 취급되어야 할 터였다.

그러나 잔류 여성에게 작용한 '국제결혼=자기 책임'이라는 편향은 쉽게 해소되지 못하고 잔류 고아의 신원 조사의 그늘에 가려진 채, 잔류 여성의 영주 귀국 문제는 여론으로부터도 잊히고 방치되기에 이른다.

종합적 시책의 결여

중일 국교 정상화에 따라 잔류 일본인의 존재가 클로즈업되었을 때, 귀국 문제를 관할하는 부서에 대하여 정부 내에서 어떤 검토가 이루어졌는지, 후생성의 『원호 50년사』를 살펴보아도 잘 알 수가 없다.

패전 직후 GHQ 지령에 의해 패전국 일본의 외교권이 정지되었을 때 해외로부터의 일본인 귀환에 대해 후생성이 주관 관청으로 지정된 경위는 이미 살펴보았으나, 후생성 인양원호국의 업무는 주로 귀환자 원호였고 외무성이 수행해야 할 섭외 사무는 모두 GHQ가 담당하였다. 구 만주에서의 후기 귀환에 관한 중국과의 절충은 일본 적십자 등 민간 세 단체가 맡았으므로 후생성 인양원호국은 점령기와 마찬가지여도 별 상관이 없었다. 후기 귀환이 기시 노부스케 내각 시기에 중단된 뒤 인양원호국은 원호국으로 간판을 바꾸어 군인 유가족 원호, 야스쿠니신사 합사 사업 등으로 업무가 특화되었고, 원호국 조사과가 「미귀환자 특별조사법」에 근거하여 전시 사망선고에 관한 조사를 담당했다는 것은 이미 살펴본 바와 같다.

1972년의 중일 국교 정상화는 이러한 국면을 크게 바꾸는 계기가 되어야 했지만, 무슨 까닭인지 외무성 아시아국 중국과는 잔류 일본인의 귀국 문제에 관여하지 않았다. 후생성 원호국에는 중국어에 정통한 인재도 없었다. 잔류 일본인의 귀국 문제는 중일 공동성명에 담긴 정신에 근거해서 신중하고 신속하게 처리되어야 하는 이상, 외무성과 후생성 나아가 대장성 · 법무성 · 문부성 · 노동성 등 관련 기관들이 각각 소관 범위를 깨고 별도의 대책본부나 대책실을 설치했어야 마땅한 게 아니었을까? 하지만 그런 조치가 없는 채 대외 교섭이라고는 유골 수습 같은 것밖에 해본 경험이 없는 스태프들이 이 어려운 문제를 담당해야 했다. 바로 이 점에 잔류 일본인의 귀국이 너무나 오랜 도정을 밟고 각종 장애를 일으킨 원인의 일단이 있는 게 아닐까?

저우언라이 수상의 설명에는 약 5천 명이라고 하던 잔류 일본인은 신원을 알 수 없는 '고아'까지 포함하면 6천 명을 넘는다고도 했는데, 원호국이 중일 국교 정상화 당시에 파악하고 있던 숫자는 그 반수인 2,963명이라고 신문은 보도했다. 국교 회복과 함께 베이징 일본 대사관을 통해 명부를 고시하거나 조사 협력을 촉구해야 할 것이었으나, 원호국에서 그런 절충을 한 흔적은 보이지 않는다. 1974년 5월 22일이 되어서야 드디어 후생성 원호국장이 외무성 아시아국장에게 "미귀환자 등의 조사 등에 관한 협력 방법에 대하여" 요청한 사실만 눈에 띌 뿐이다. 그로부터 열흘 정도 뒤인 6월 3일에 젠닛쿠(全日空)의 특별기가 고향 방문 여성 70명을 싣고 돌아온 것이 대대적으로 보도되고 여성들의 입에서 신원 불명의 고아가 다수 존재한다는 사실 등이 알려졌지만, 원호국은 별다른 조치를 취하지 않았다.

원호국을 믿을 게 못 된다고 본 야마모토 지슈 씨 등이 만든

'일중 우호 손을 잡는 모임'의 자원봉사자들이 수집한 정보를 토대로 1974년 8월 15일자 『아사히신문』의 대특집 「생이별한 사람들의 기록」이 독자의 눈을 단숨에 '중국 잔류 고아'의 존재로 집중시켰다. 관이 아니라 민에 의한 본격적인 혈육 찾기가 시작된 것인데, 패전 직후 라디오 방송으로 행해지던 '탐문자의 시간(尋ねる人の時間)'이 30년 만에 재현된 셈이었다. '탐문자의 시간'에서 묻힌 채 있었던 '만몽개척단'의 비극적 결말의 봉인이 드디어 풀리기 시작한 것이라고 해도 좋으리라. 반향은 새로운 정보를 불러 모으는 결과를 낳았다.

이 무렵 중국 동북부에서는 마침내 문화대혁명이 종식기를 맞이하여 '고아'들 사이에 정보가 전해지기 시작했기 때문에 고아들의 사진, 신체 특징, 혈육과 이별할 때의 상황 같은 정보들이 후생성에 다수 모아져 후생성은 텔레비전과 신문을 통해 1975년 3월부터 '공개 조사'에 착수하였다. 그렇지만 앉아서 정보를 기다리는 식의 이러한 조사 방법은 6년간 10회에 불과했고, 신원이 판명된 사람은 고작 166명에 그쳤다. 민에서 관으로 이전되자, 마치 혈류(血流)가 둔해진 것처럼 효과가 오르지 않은 탓에 자원봉사자들은 애가 탔다. 후생성의 공개 조사가 시작된 다음해인 1976년 8월 28일, '일중 우호 손을 잡는 모임'(야마모토 지쇼 회장)의 제6회 총회는 "공개 조사에는 한계가 있다. 신원을 알 수 없는 일본인 고아는 빨리 귀향시켜서 일본에서 혈육을 찾고 있는 사람들과 면접을 하도록 해야 한다"면서, 중국 잔류 고아 250명을 제1회 방일 조사단으로서 일본에 초대하여 혈육 찾기를 실시하고 여비와 체재비 1억 8천만 엔을 예산으로 책정하도록 후생성에 요망했다. 이 예산은 오노다 히로오 소위 한 사람을 구출하는 데 사용한 비용과 거의 같은 액수였다.[28]

마치 자원봉사자들의 목소리를 받아들인 것처럼 이듬해 봄에 열린 중의원 예산위원회에서 다가와 세이이치(田川誠一) 신자유클럽 의원이 "고아의 혈육 찾기 촉진, 전시 사망선고의 호적 회복 절차 실시, 귀국자의 일본어 교육 충실화" 등 핵심을 찌르는 질문을 했다. 그런데도 후생성이 효과도 거의 없는 공개 조사 이상의 움직임을 보이지 않은 이유는 무엇일까? 대장성이 후생성의 요구에 "일단 사망선고를 받아 조위금까지 지불하고 호적에서 말소된 사망자에게 조사비를 제공할 수는 없다"고 딱 잘라 거절했기 때문이라는 소문이 남아 있다. 예산을 획득하려면 과거의 실적이 문제가 되는 냉정한 세계라서인지, '전시 사망선고'야말로 '중국 잔류 고아'의 귀국에 커다란 장해가 되었음을 알 수가 있다.

기다림에 지친 '일중 우호 손을 잡는 모임'은 야마모토 지쇼 스님을 리더로 하여 26명의 자원 조사대를 1980년 7월 만주로 보냈다. 중국 대사관에 몇 번이나 찾아가서 실현시킨 2주간의 조사 결과는 실로 풍성했다. 현지에서 애타게 기다리다 지쳐 있던 300명

28 오노다 구출에 든 비용이 4억 엔이라는 주장도 있다. — 옮긴이

의 '고아'에 대한 청취 조사가 공표되자, 6년 전의 특집 「생이별한 사람들의 기록」 이상의 반향을 불러일으켜 사태를 움직여 나가는 힘이 되었다. 사망했다고만 생각한 야마모토 지쇼 단장의 장녀 게이코(啓江) 씨가 생존해 있다는 뜻밖의 사실까지 드러난 것이다.

먼저 움직인 것은 후생성이 아니라 외무성이었다. 10월 22일의 중의원 외무위원회에서 다가와 의원의 질문에 이토 마사요시(伊東正義) 외무장관은 이렇게 답변했다.

"12월에 일중 각료회의가 있으므로 그때까지 자료를 정리해서 중국 외상에게 정식으로 제출할 것이다."

이 질의를 받아 10월 28일 외무성 아시아국 중국과가 중국 외교부에 협력을 요청하자, 곧바로 10월 30일에 중국 측으로부터 회답이 왔다.

"고아의 귀국에 관해서는 인도적 견지에서 또 중일 우호의 관점에서 앞으로도 원조한다."

국교 회복 이후 8년 후생성이 수수방관한 채 중국 측에 대한 의사 타진을 게을리하고 있었던 데 반해, 중국은 손뼉을 치면 울리듯이 불과 이틀 만에 이런 답을 보낸 것이다. 후생성은 왜 국교 정상화와 함께 신속히 이 문제에 착수하지 않았느냐는, 자원봉사자들의 탄식과도 같은 비판이 들려왔다. 전후 36년이 되려는 지금 패전 당시 0세이던 고아가 36세가, 12세이던 고아가 48세가 되려 하고 있다. 36년의 공백을 뛰어넘어 사람들의 신원이 얼마나 판명될지, 조사가 어려울 것임은 예상되는 바였다. 이 단계에서 이미 후생성에는 1,500명이 넘는 고아들로부터 조사 의뢰가 답지했다.

방일 조사가 '고아 문제'를 해결하기 위한 국가적 프로젝트라는 인식을 가졌다면 종합대책실을 설치하고 종합적 시책을 세울 마지막 기회였을 것이다. 국교 정상화 이래 10년 자원봉사 단체의 기관차와도 같은 역할을 맡아 온 야마모토를, 예컨대 종합대책실장으로 영입했다면 중국 측의 이해와 협력을 얻기 쉬웠을 테고, 전후 40년에 해당하는 1985년까지 1,500명의 신원 조사가 끝났을지도 모른다. 그러나 종합적 시책도, 종합대책실도 모두 자원봉사자의 잠꼬대였을 뿐 민과 관의 연계 따위는 그야말로 꿈이었다.

중국 측의 회답과 여론에 자극을 받아 1981년 3월 시작된 방일 조사는 결국 후생성 원호국을 창구로 삼아 패전 직후 시행된 귀환 작업의 개념적 연장과 같은 상황을 드러냈다. 일본을 방문하는 고아들이 떠안고 올 36년의 공백은 후생성 원호국에서는 상정(想定) 밖의 일이고, 신원이 판명되면 그대로 친족으로서 신분을 바꾸면 그만이라는 안이한 인식이 있었던 것이 아닐까? '신원 미판명 고아'는 어떻게 처우할 것인가, 중국에 있는 양부모와 가족의 장래는 어찌 될 것인가, 그런 난제들이 복잡하게 뒤얽히며 발생할 사태는 그때 가서 생각하기로 하고 아직 승객이 다 타지도 않았는데 발차해 버린 게 현실이었다. 후생성에 알려져 있던 1,500명의 정보를 가지고 원호국 스태프가 중국을 방문하여 일본 방문 계획의 전체상을 서로 확인하는 절차를 밟은 흔적마저 없는 상태로 1981년 3월 제1차 방일 조사가 시작되었다.

끝없는 방일 조사

다행히 미디어의 도움을 받아 방일 조사는 커다란 반향을 불러일으켰다. 신문들은 지면을 펼치면 마주보는 양면에 방일 예정자 한 사람 한 사람의 사진과 함께 중국 이름, 연령, 기타 단서가 될 만한 정보들을 미리 전달했다.

공항에는 텔레비전 카메라가 줄줄이 늘어서 짙은 감색이나 검은색의 두툼한 인민복을 입은 남녀 '고아' 47명이 어색한 몸짓으로 트랩을 내리는 순간을 찍어댔다. 카메라 행렬을 빠져나와 일행을 태운 대형 버스가 고속도로를 내달려 숙소를 겸한 조사회장인 도쿄 요요기(代々木)의 올림픽기념 청소년센터로 향하는 광경이 방영되었다.

다음날부터 고아를 찾는 관계자와의 대면 조사가 시작되어 신원 판명자가 발표될 때마다 조사회장에는 환호성이 울려 퍼지고 카메라 플래시가 터지는 가운데 혈육 상봉의 실황이 카메라에 담겼다. 고아와 혈육은 대화는 거의 나누지 못한 채 통한의 눈물만 끊임없이 흘렸다. 제1차 방일 단원 47명 가운데 신원이 판명된 사람은 30명으로 판명 비율 63.8퍼센트라는 숫자에는 세월의 길이가 반영되어 있었다.

희비가 엇갈리는 약 열흘의 기간이 끝나면 신원 미판명자를 포함한 전원에게 도쿄 유람 그리고 신칸센을 이용한 교토 · 오사카 여행이 편성되는 것이 관례였는데, 사태를 냉철하게 보고 있던 고아들 중에는 2주간의 방일 조사를 '일본 관광 여행'이라고 자조적으로 말한 이도 있을 정도였다. 고아들이 사는 중국 동북부에서의 밤의 어둠에 비하면 도쿄의 밤을 비추는 네온사인은 너무나 눈부셨다. 원호국 스태프에게 47명의 '간사이(關西) 수학 여행' 수배는 방일 조사의 어려움에 비하면 매우 쉬운 일이었다. 도쿄의 네온과 도카이도(東海道) 신칸센 탑승의 충격이 '일본 관광 여행'이라는 이름을 낳았는지 모르지만, 관광이라는 두 글자에는 냉정한 비평이 포함되어 있었다. 대다수 고아들에게 도쿄 · 교토 · 오사카가 곧 일본이라는 인상을 심어 주었다고 해도 어쩔 수가 없다.

그러나 신원 판명이든 미판명이든 상관없이 귀국의 원망을 가슴에 품은 고아들이 보고 싶던 장소는 달리 있었던 것이 아닐까? 예를 들어 도쿄의 가마타(蒲田)나 가메이도(龜戸)에 있는 소공장이라든가, 전 개척단의 장년층이 기타간토(北關東)에 다시 입식하여 땀 흘려 개척한 목장과 양돈장이라든가 하는 곳. 시간이 있다면 만나고 싶은 사람들도 있었다. 1970년대 후반 홀로 영주 귀국을 한 '선배'들이 족히 1천 명 이상 있었다. 그 사람들과는 통역 없이 진심을 드러내고 말할 수 있을 터였다. 최대 관심사는 일본어를 익히는 것이라서 도쿄에 있다는 야간 중학이나 정시제 고등학교를 방문해 보고 싶었지만, 그러지 못한 채 불안감에 짓눌리는 듯한 기분으로 방일 여행은 끝나 버렸다.

배웅하러 온 중국 당국도 일본 관광 여행이라고 전해 들은 방일 조사의 결과를 일종의 우려를 가지고 지켜보고 있던 감이 든다. 일본인 고아의 귀국과 방일 조사가 진행됨에 따라 양부모들 사이에 불안감이 높아지고 있었다. 동시에 '일본인 고아'가 귀국할 경우, 미성년 자녀 이외에는 귀국 여비를 지급받지 못하기 때문에 다시 가족이 이별하는 비극을 초래했다. 제2차 방일 조사가 끝난 단계에서 이러한 두 가지 문제점이 해결될 때까지 방일 조사를 중지하겠다고 중국 정부가 통고함으로써 방일 조사는 1년 가까이 중단되었다. '고아'의 귀국 문제를 '고아' 본인과 이를 받아들이는 친족의 '개인 문제'로 만들어 나라의 책임을 회피하는 후생성(일본국)의 태도에 기인한 사태였다고 해도 무방할 것이다.

당황한 후생성은 느닷없이 장관 자문 기관으로 '중국잔류 일본인고아문제 간담회'〔좌장은 엔조지 지로(円城寺次郎)[29]〕를 발족하여 선처해 달라고 검토를 부탁함으로써, 스스로 종합적 시책이 결여되었음을 드러냈다. 못 말리는 '유식자병'은 잔류 일본인 문제에서도 고질병이 되어 끝까지 따라다녔다. 때마침 잔류 고

29 니혼게이자이 신문사 사장.—옮긴이

아 문제에 대해 높아진 국민적 관심이 거액의 기부금으로 이어져 후생성에 답지한 사정도 있어서 '국비와 민간 기부'로 양부모에게 부양금을 지불하는 것을 조건으로 하여, 새해 벽두부터 중일 간에 사무 수준의 교섭이 겨우 타결되었다.

이리하여 제3차 방일 조사가 간신히 재개될 수 있었지만, 이산가족의 비극은 여전히 바뀌지 않았다. 두고 온 가족을 일본으로 불러들이는 일은 고스란히 '귀국 고아'가 짊어지게 되어, 고아들은 도항비 등을 염출하기 위해 일본어를 습득할 여유도 없이 장시간 노동에 내몰렸다.

이러한 현상에 대하여 중국의 유력지 『광명일보(光明日報)』가 중국 귀국자에게 일본은 '환멸의 대국(大國)'이라고 하면서 인수체제가 갖추어지지 않았다고 격렬히 비판한 것을 나는 상하이에서 본 적이 있다.

1984년 일본의 기부금으로 베이징에서 완성된 중일 우호 병원의 낙성식에 와타나베 고조(渡部恒三) 후생장관이 출석했을 때, 우쉐첸(吳學謙) 중국 외무장관으로부터 "지금과 같은 방식으로 방일 조사를 진행한다면 10년이 걸려도 끝나지 않을 것"이라는 말을 전해 들었다. 베이징에서 헤이룽장성으로 간 와타나베 장관은 어떤 성 간부로부터 "우물쭈물하고 있으면 언제 끝날지 모릅니다. 경우에 따라서는 중국 측도 협력할 테니 배라도 내서 대량으로 방일 조사를 하면 어떨까요?" 하고 돌파구를 제시하였다. 와타나베 장관은 깜짝 놀라서 동행한 마이니치신문 기자에게

"후생성에서는 지금까지 중국 측의 협력을 얻지 못해 이 문제가 진전되지 못했다는 식으로 전해 듣고 있었다. 그런데 그렇지 않다는 사실을 처음 알았다"고 말했다고 한다. 그렇다. 당시에 나도 자원봉사자와 배 한 척만 제공하면 한 번에 처리될 거라는 이야기를 나눈 적이 있다.

와타나베 후생장관의 헤이룽장성 방문이 계기가 된 것인지, 그해 가을 제6차 방일 조사부터 고아들의 방일 인원이 비약적으로 증가하고 있음을 〈표 9〉는 말해 준다.

그러나 후생성은 1987년 2~3월의 제15차 방일 조사를 마치자, 이상하게도 갑자기 방일 조사가 '대략 종료'되었다는 선언을 발표해 세간을 놀라게 했다. 이것이 여론의 불평을 사자 그해 가을에는 다시 풀이 죽어서 '보충 조사'로 간판을 바꾸어 방일 조사를 재개했다. 방일 조사는 개시 이래 어느 틈에 덧칠한 간판을 내린 채 오늘날까지 장장 27년에 걸쳐 계속되는 결과를 낳았다. 2007년

〈표 9〉 방일 조사 일람(1981~2007)

회수	참가 수	판명 수	판명율(%)
제1차(1981년 3월)	47	30	63.8
제2차(1982년 2~3월)	60	45	75.0
제3차(1983년 2~3월)	45	25	55.6
제4차(1983년 12월)	60	37	61.7
제5차(1984년 2~3월)	50	27	54.0
제6차(1984년 11~12월)	90	39	43.3
제7차(1985년 2~3월)	90	39	43.3
제8차(1985년 9월)	135	41	30.4
제9차(1985년 11~12월)	135	34	25.2

제10차(1986년 2~3월)	130	34	26.2
제11차(1986년 6월)	200	79	39.5
제12차(1986년 9월)	200	64	32.0
제13차(1986년 10~11월)	100	33	33.0
제14차(1986년 12월)	42	15	35.7
제15차(1987년 2~3월)	104	28	26.9
보충 조사			
1987년도 제1회(11월)	50	10	20.0
1987년도 제2회(2~3월)	50	13	26.0
1988년도 제1회(6~7월)	35	12	34.3
1988년도 제2회(2~3월)	57	9	15.8
1989년도(2~3월)	46	12	26.1
1990년도(11~12월)	37	4	10.8
1991년도(11~12월)	50	5	10.0
1992년도(11~12월)	33	4	12.1
1993년도(10~11월)	32	5	15.6
1994년도(11~12월)	36	5	13.9
1995년도(10~11월)	67	7	10.4
1996년도(10~11월)	43	4	9.3
1997년도(10월)	45	3	6.7
1998년도(11월)	27	5	18.5
1999년도(11월)	20	2	10.0
계	2,116	670	
2000년도	20	3	15.0
2001년도	20	4	20.0
2002년도	6	1	16.7
2003년도	10	1	10.0
2004년도	12	1	8.3
2005년도	5	0	0
2006년도	7	0	0
2007년도	4	1	25.0

* 후생노동성에 따르면 2000년도 이후 본인은 부르지 않고 중국에 담당자를 파견하여 현지에서 미리 '고아' 여부를 조사한 뒤, 신청이 있는 경우나 본인의 희망이 있는 경우에 통상 일시 귀국을 시키는 형태를 취하고 있다고 한다(후생노동성 지료에 의거).

11월에도 고아 아닌 '고로(孤老)' 4명의 방일이 있었고, 그중 한 명의 신원이 판명되어 오랜만에 판명률 25퍼센트를 올렸다.

대략 종료 선언이란 도대체 무엇이었단 말인가?

제5장

환멸의 천국에 돌아와

뒷북치는 정착 정책

방일 조사가 열리는 회의장에는 눈에 보이지 않는 여러 장애물들이 도사리고 있었다.

신원 판명자는 가슴을 활짝 펴고 중국으로 돌아가지만, 신원 미판명자는 고개를 떨군 채 돌아갈 수밖에 없었다. 다시 일본으로 귀국하려면 신원보증인의 여비 신청이 필요했기 때문에 미판명 고아에게 귀국의 길은 닫혀 있는 것이나 마찬가지였는데, 그것은 이들을 길러 준 중국이 단호히 거부하는 바였다. 1984년 3월 17일 중일 간에 주고받은 구상서(口上書)[30]에서 일본 정부는, 고아가 희망할 경우에는 일본에 있는 친족 유무를 따지지 않고 중국의 동반 가족과 함께 일본으로의 영주를 허가한다고 약속했다. 그러나 여기에도 '잔류 여성'에 관한 언급은 빠져 있다.

그러나 '신원 미판명 고아'가 어떻게 자신의 '신원인수인'을 찾을 수 있겠는가. 이것은 그야말로 언어도단의 장벽이 아닌가. 매정하기만 한 조사회의장의 분위기를 지켜보던 자원봉사자들

30 note verbale. 상대국과 토의한 내용을 기록한 외교문서로서 일반적으로 말미에 서명 대신 관인(官印)을 찍게 되어 있다.—옮긴이

이 힘을 보태 적극적으로 신원을 보증해 주면서 미판명 고아에게도 귀국의 길이 열렸다.

그런데 이번에는 거꾸로 신원이 판명된 고아들에게 장애물이 기다리고 있었다. 혈육이라 하더라도 형제나 사촌 등의 친족 가운데에는 무거운 책임을 져야 하는 신원보증인이 되기를 거절하는 사람들이 속출했고, 그 결과 신원 판명 고아의 귀국 길이 닫히고 말았다.

신이 나서 귀국한 고아들에게는 또 다른 장애물이 버티고 있었다. 일본 정부가 본인 외에 배우자와 미성년 자녀의 경우에만 귀국 여비를 내준다는 것이다. 40년 전 일가족이 뿔뿔이 흩어져서 생긴 '잔류 고아'에게 또다시 이별한다는 것은 얼마나 쓰라린 비극이겠는가. 이 여비 규정을 만든 관리의 빈곤한 상상력에 분통해하고만 있었던 건 아니다. 귀국 후 이별한 성인 자녀를 사비로 불러들이기 위해 귀국한 '고아'들은 일본어 공부를 포기하고 단순노동에 땀 흘리며 일해야만 했다. 인색한 이 규정들이 얼마나 잔류 고아들의 귀국을 늦추고 모국으로의 정착을 방해했겠는가.

제4차 방일 조사가 이루어진 1983년 12월, 「종합 시책 확립이 급선무/아직도 '귀환선 행정'」이라는 표제하에 다음과 같은 기사가 실렸다.

상태로는 우선 귀국자들을 수용할 태세가 갖추어지지 않은 것이나 마찬가지다. 약 40년 만에 조국 땅을 밟은 사람들에게 겨우 하룻밤 오리엔테이션을 하고 일본어 학습 테이프를 건네주었을 뿐이다. …시대에 뒤처진 '귀환선 행정'은 일본 정부 자체의 변변치 않은 시책을 상징한다. 후생성 내에서도 원호국 외에 사회복지를 취급하는 사회국이 귀국자 대책 문제와 연관되고, 일본어 학습은 문화청, 주택 문제는 건설성, 취직 알선은 노동성 하는 식으로 각 기관에 걸쳐 있는데도 연락 조정 기관조차 없다.

—『아사히신문』 1983. 12. 15.

일중 국교 회복 직후인 1973년 도쿄도 야간중학교연구회, 전국야간중학교연구회가 후생장관에게 제출한 「귀환자 센터 설립에 관한 요망서」에는 탁월한 지적이 있었다. 이미 현장에서는 절실한 염원이었기 때문이다.

① 일본어와 일상생활에 필요한 학습에 전념할 수 있도록 한다.

② 학습하는 공간과 같은 장소에 주거를 확보하고 생활을 보증한다.

③ 직업훈련학교와 취직도 알선해 준다.

④ 센터 내에 의료 시설을 만든다.

그로부터 11년이나 지나서야 드디어 사이타마현 도코로자와시(所澤市) 교외에 잔류 고아의 대량 귀국을 위한 '정착촉진센터'가 뚝딱뚝딱 건설되기 시작했다. 이것도 후생장관의 자문 기관인 '중국잔류 일본인고아문제 간담회'가 보증해서 비로소 움직인 것이다. 숙박 시설은 겨우 60실이다. 대량 귀국에 대비하고자 3년 뒤에 예산을 획득해 확장했지만, 그것만으로는 부족해서 그 뒤에 계속 오사카, 홋카이도, 후쿠오카, 아이치 등지로 건설을 확장해 나갔다. 신문도 지적했듯이 그야말로 마이즈루항에 도착한 귀환자를 고향에 돌려보내면 그만인 '귀환선 행정'의 고정관념이 짙게 남아 있었기 때문에 그때까지 하룻밤 오리엔테이션을 하고 일본어 학습용 테이프를 건넨 것만으로 끝이라고 여긴 것이리라.

일중 국교 회복 직후 베이징 주재 대사가 외무장관에게 보낸 보고서 「중국 재류 일본인의 실태와 귀국 요청 현황」을 보면 "전후 28년이나 경과했기 때문에 50대 연배의 사람 중에도 일본어를 잊어버린 경우가 많고, 특히 헤이룽장성의 벽촌에 살고 있는 사람들의 교육 수준은 낮다"고 실태를 잘 전달하고 있지 않은가? 그러나 걸어서 5분 거리도 안 되는 외무성과 후생성 사이에는 파이프가 막히기 일쑤였다. 잔류 고아 중에는 돼지를 키우느라 바빠서 초등학교에 다닐 여유조차 없던 사람이 있고, 중국어 읽기 쓰기도 뜻대로 되지 않는 사람들이 적지 않았다는데, 낯선 외국어와 매한가지인 일본어를 배우라고 카세트테이프를 건네주기만 하고는 "자, 외우세요"라고 해본들 일본어를 쓸 수 있을 리 없지 않겠는가.

정착촉진센터의 4개월

1984년 2월 사이타마현 도코로자와시에 '중국 귀국 고아 정착촉진센터'가 마침내 개설되고, 후생성의 외곽 조직인 '재단법인 중국잔류고아 원호기금'이 관할하게 되었다. 건물은 크고 작은 20개의 교실이 있는 회칠을 한 연수동, 그리고 다다미 4장 반 크기의 방이 4실, 다다미 6장 크기 40실, 다다미 8장 크기 16실을 갖춘 숙박동으로 이루어졌다. 이해부터 공비(公費)로 영주 귀국하는 '고아'와 그 가족(배우자 및 미혼 미성년 자녀)은 처음으로 정주(定住)를 대비해 4개월간의 연수를 받을 수 있게 되었다.

그러나 이것은 아무리 유엔의 요청이었다고는 해도 내각 회의에서의 합의를 근거로 1979년 효고현 히메지시(兵庫縣 姬路市)에 개설된 인도차이나 난민 정주촉진센터의 신속한 건설과 비교한다면 속도가 너무 느렸다. 또 일중 국교 회복 이후 이미 13년이 흘러 그사이에 중국에서 온 영주 귀국자들은 혜택을 볼 수도 없었다. 도코로자와 센터가 개설된 지 2년 뒤 방일 조사는 정점에 달했고 영주 귀국자 역시 증가했으나, 이에 발맞추어 숙박동을 증축했음에도 불구하고 전부 수용하지 못하여 신원 미판명 고아만 입소할 수 있었다. 홋카이도 · 후쿠시마 · 아이치 · 오사카 · 후쿠오카의 5개소에도 센터가 잇달아 건설되었고, 그 이름은 '중국 귀국자 정착촉진센터'로 바뀌었다.

정착촉진센터에서의 4개월 연수는, 후생성관 자문 기관인 '중국잔류 일본인고아문제 간담회'가 한 시설에 너무 장기간 체재하게 하는 것은 바람직하지 않다는 의견을 내놓아 결정된 것이다. "초보적인 일상생활 수준의 일본어와 일본 생활습관에 대해 집단 연수를 한다"고 했지만, 4개월간 500시간의 커리큘럼이 준비되어 있다는 말을 들었을 때, 나는 그들이 '촉진'을 '너무 재촉하다'는 뜻으로 오인하고 있는 게 아닌지 걱정되었다.

언어 습득의 임계기(臨界期)[31]가 12세, 즉 초등학교 6학년까지라는 사실은 상식이다. 잔류 고아들은 그 시기에 일본어 대신 중국어를 사용해 온 사람들이다. 40년 전에 사라진 제1언어를 다시 제2언어로 원상 회복시키려는 사람들의 나이는 지금 40~52세다. 그런 시도가 사람의 역사 속에서 처음 만나는 시도, 어렵지만 뜻 깊은 시도라는 인식은 500시간으로 짜인 커리큘럼에 담겨 있지 않았다.

임계기를 훌쩍 벗어난 고령자가 제2언어를 획득해 나가려면 제1언어의 문자는 뺄 수 없는 도구인데, 영주 귀국자 중에는 초등학교도 못 나온 까막눈부터 고등학교 · 전문학교, 드물게는 대학 졸업자까지 다양한 사람이 섞여 있다. 당연히 수준별로 세밀하게 나눈 반 편성이 필요할 것이다. 사람에 따라서는 산보를 겸해서 일대일로 눈과 귀를 통해 배울 필요가 있었으나, 이런 형식은 물론 커리큘럼에 들어 있지 않다. 중국어를 구사하지 못하는

31 그때를 놓치면 그 뒤로 학습이 곤란한 시기.— 옮긴이

교사의 일본어 교육은 노력에 비해 성과가 적었다.

'일본어 교재 작성'과 '중국 귀국 자녀 등의 선발 실시'는 문부성이, '일본어 교재 및 중국 귀국자용 일본어 교육지도 입문서 작성'과 '일본어 교육연구협의회 개최'는 문화청이 각각 분담한 이유는 또 무엇일까. 이렇게 보면 정착촉진센터의 커리큘럼에는 문부성과 문화청의 두 가지 일본어가 병존하고 있음을 알 수 있다. 커리큘럼에는 노동성이 주관하는 직업훈련학교 견학도 들어 있지만, 물론 거기에는 중국어 통역도 중국어 교재도 없었기 때문에 중국에서 솜씨를 익혀 온 기술자까지 몹시 불안하게 만들었다.

영주 귀국자 중에는 4개월 동안 출입국 수속, 귀화 신청, 취적(호적 작성) 수속 등이 필요한 사람이 많았는데 이건 외무성, 저건 법무국, 그건 법원 담당이라고 정신없이 바뀌어서 어지러울 지경이었다. 4개월이 끝날 때쯤이면 정주에 필요한 공영주택 신청을 하기 위해 건설성을 통해 정주지의 지방자치단체에 연락해야 했다. 결국 정착촉진센터에서는 각 성청의 종적인 행정이 아무 연계도 없이 그대로 끼어들었기 때문에 눈 깜짝할 사이에 4개월이 지나가서 일상생활 수준의 일본어와 생활습관조차 거의 익히지 못한 채 퇴소하게 된다.

귀국 직전까지 무단장 체육전문학교 교장으로 근무한 왕웬지(王文志) 씨(신원 미판명)는 작가 야마자키 도요코(山崎豊子) 씨의 『대지의 아들(大地の子)』 취재를 계기로 영주 귀국을 결심했다. 그가 도코로자와 정착촉진센터에 입소했을 때의 경험담을 들려주고 싶다. 왕 씨는 장남, 장녀를 포함한 가족 6명의 동반을 허가받지 못해서 부인과 19세의 차녀만 데리고 나리타 공항에 도착했다.

귀국하자마자 우리 세 사람은 사이타마현 도코로자와 센터에 입소했습니다. 그런데 도코로자와 센터의 응대는 방일 조사 때와는 달랐어요. 냉랭한 것이 기대와는 딴판이었습니다. 식구 셋이 다다미 8장 크기의 방에서 4개월간 살았죠. 19세인 차녀도 같은 방에서 지냈습니다. 부엌, 화장실, 욕실 모두 공동이었습니다. 프라이버시 같은 것은 찾아볼 수 없었습니다. 참고로 우리가 중국에서 살던 집은 방 2개에 거실과 부엌이 있고 물론 화장실도 갖추고 있었죠. 우리가 도코로자와 센터에 입소할 때에는 50세대 정도였어요. 입소 세대가 많아 아침에는 지어 먹고 낮과 밤에는 도시락이 배급되었습니다. 휴일에는 해먹었죠. 요리하는 데 드는 식비는 지급되었어요.

하루 생활은 아침 6시 반에 기상해서 아침 식사를 하고 걸어서 학교로 갑니다. 오전 9시부터 공부죠. 점심에는 도시락을 먹고, 오후도 공부입니다. 오후 4시 반에 학교가 끝나 귀가하면 세탁을 하고, 저녁 식사, 목욕, 취침입니다. 텔레비전은 공용이라 방에는 없었습니다.

학교 공부는 일본어 '아이우에오', 인사와 길을 묻는 수준의 일상회화, 예절 등 일본 사회에 관한 상식 정도였습니다. 사회 견학으로 시청 · 우체국 · 은행 등에 갔습니다만, 반마다 떼거리로 몰려가서 간단한 설명을 듣는 형식이라 그것만으로는 실생활에 도움이 되지 못했습니다. 그리고 4개월간이라고는 해도 들어가고 나가는 수속을 준비해야 해서 실질적으로는 3개월만 공부할 수 있었습니다.

도코로자와 센터에 있을 때 입소자들은 모두 센터를 퇴소한 후 어디에서 살지, 일자리는 있을지 등 이후의 생활을 떠올리며 불안해했습니다. 우리는 장남과 장녀를 중국에 두고 왔기 때문에 그 아이들을 생각하면 더 불안했습니다. 센터에서 가장 위안이 된 것은 중국에 남기고 온 장남, 장녀의 편지를 읽는 일이었습니다.

—「도쿄지방법원 진술 녹취서」에서

왕웬지 씨의 추정 나이는 47세, '중국 잔류 고아'의 귀국 시 평균 연령이 47.15세이니 딱 평균이다. 중국에 남겨 둔 장남과 장녀 생각, 일본에서의 취적(就籍) 걱정, 앞으로의 거주에 관한 걱정, 취직 걱정 등으로 머리가 지끈지끈한 날이 많았을 것이다. 일상생활에 필요한 일본어 등을 익힐 여유도 없이 4개월은 눈 깜짝할 사이에 지나갔다. 가장 걱정이 되던 일인 취적 문제는 신원인수인인 스가와라 고스케(菅原幸助)[32] 씨의 도움을 받아 센터 재소 중에 요코하마 가정법원으로부터 허가 심판을 받았다. 패전 직

32 1925년생. 야마가타현 쓰루오카시(鶴岡市) 출신의 중국 잔류 고아 지원 활동가로서, 가나가와 중국귀국자 복지원호협회 이사장을 역임했고 2010년 제44회 요시카와 에이지(吉川英治) 문화상을 수상했다. — 옮긴이

후 지금은 이름도 기억나지 않는 친아버지가 폭민의 곤봉에 타살당한 지 43년 3개월 만에 드디어 일본인이 될 수 있었다. 국교 회복에 힘쓴 다나카 가쿠에이 씨의 이름 중 다(田), 길러 준 중국의 중(中), 그리고 양부모가 붙여 준 이름 文志와 중국어로 발음(웬지)이 같은 文治를 합쳐서 다나카 분지(田中文治)라고 개명했다. 다나카 씨 일가족은 도코로자와 센터를 나와 취적지인 요코하마의 시영(市營) 주택으로 갔다.

'대지의 아들'의 후반생

정착촉진센터에서 4개월을 지내고 공영주택으로 옮긴 귀국자는 일반적으로 8개월간 생활보호가 보장되었고, 그사이 일본어 학교 통학을 인정받았다. 그러나 도쿄 같은 대도시에 중국 귀국자가 다닐 만한 일본어 학교는 그리 많지 않았다. 일본 정부는 '신원 미판명 고아'를 수용할 때 '적당한 집중과 적당한 분산'이라는 방침을 근거로 신원인수인을 전국에서 모집했기 때문에 '귀국 고아'가 각지로 흩어져 있던 것도 일본어 습득의 기회를 어렵게 만들었다. 처음부터 문부성이 원호 행정에 깊이 관여하고 있었더라면 초 · 중교에 들어간 '잔류 고아 2세'와 1세의 일본어 교육을 함께 한다든지, 각지의 시민회관 활동 속에 일본어 교실을 설치한다든지 하는 시책이 불가능하지 않았을 것이다. 그러나 '적당한 분산'에 의해 지방에 정주할 수밖에 없던 귀국자들은 일본어를 충분히 습득할 기회를 차단당했다.

1950년대의 후기 귀환자 중에는 일본어를 잊어버린 고아가 많았다. 내가 요요기 조사 회의장에서 알게 된 이노마타 마사루(猪俣勝) 씨 역시 그중 한 사람인데, 신문 배달부터 다시 출발했지만 배달처의 일본인 이름을 기억하기가 쉽지 않았다고 한다. 10대 말에 귀국했는데도 일본어에 익숙해지는 데 3년이 걸렸다고 했다. 사십 줄에 접어든 귀국자를 괴롭히는 것은 일상생활에 범람하는 외래어일 거라고도 했다. 그러한 경험적 지식이 이미 옛 인양원호국에 쌓여 있다는 점을 떠올리면 8개월간의 생활보호 기간이 "너무 촉박하다"는 것은 명백하지 않을까.

게다가 일본 정부의 지방 지부 기관은 귀국자들이 일자리를 찾아서 한시라도 빨리 생활보호 상태에서 벗어나도록 압박을 가했다. 신원인수인과 생활지도원이라는 사람들도 생활보호 상태로부터 자립하도록 강력히 권하는 경향이 있었다. 이 때문에 운 좋게 일본어 학교를 찾아냈다고 해도 일본어 연수에 대한 집중력이 떨어지면 떨어졌지 높아지는 분위기는 아니었다.

요코하마의 시영 주택에 정착한 다나카 분지 씨가 다닐 만한 일본어 학교가 없지는 않았지만, 생이별한 채 두고 온 장남 일가와 장녀 일가 모두 6명을 한시라도 빨리 자기 힘으로 불러들이려면 일본어 공부를 단념하고 취직을 모색할 수밖에 없었다. 미성인 자녀 외에 동반 가족을 인정하지 않는 원호 시책은 결과적으로 수많은 '중국 잔류 고아'가 일본어 공부를 단념하게끔 만들었다.

다나카 분지 씨의 양부모는 빈한한 과자 행상인이면서도 병든 5세의 고아를 보물처럼 애지중지 키웠다. 병약한 고아 왕웬지 소년은 믿음직하게 성장하여 하얼빈 체육전문학교로 진학했다. 400미터 허들 종목에서 헤이룽장성 신기록을 작성했고 마침내 무단장 체육전문학교에 교편을 잡았다. 청년기에 연마한 체력은 누구에게도 지지 않을 자신이 있었다.

왕웬지에서 다나카 분지로 이름을 바꾼 전 무단장 체육전문학교 교장은 직업안정소에 가도 일본어가 안 통해 문전박대를 당했다. 할 수 없이 스가와라 고스케 씨의 소개로 가마쿠라의 주류 도매회사에 취직하여 요코하마의 시영 주택에서 출근하게 되었다.

주문표에 따라 약 1,500종의 품목을 선별하여 상자에 담아 출하하는 일은 머리와 몸을 쓰는 중노동이었지만, 대지에서 단련된 체력이 도움이 되었다. 니혼슈 병에 적힌 한자는 금방 익힐 수 있었지만, 양주에 쓰인 영문을 익히기는 다소 힘이 들었다. 초임 16만 엔과 보너스를 받았고 잔업은 자진해서 맡았다. 버스비를 절약하려고 짐승이 다니는 길처럼 험한 길을 걸어 다녔고, 길거리 채소를 싸게 구입하며 가계비를 절약했다. 2년간 죽기 살기로 노력하여 장남 가족 3명, 장녀 가족 3명을 자비로 무사히 불러들였다. 방 두 개에 부엌 하나 딸린 주택에서 9명이 생활했다. 차녀는 벽장에서 잘 수밖에 없었지만, 가족 모두 한 지붕 아래 살 수 있다는 것은 정말 기쁜 일이었다. 장남도 큰사위도 동거한 지 일주일 만에 직업을 구했고, 3개월 뒤에는 장녀 가족이 그리고 8개월 후에는 장남 가족이 '분가'해 나갔다. 장남은 대학교수 직을 내던지고 일본으로 건너왔지만, 아버지처럼 중노동의 길로 나갈 수밖에 없었다. 이 나라는 어찌 이리도 인재를 대우하지 못하는 것일까.

가족을 불러들이기 위해 일을 최우선시한 결과 다나카 분지 씨의 일본어는 전혀 늘지 않았지만, 장남이나 큰사위도 분지 씨처럼 일본어 공부를 할 여유가 없었다. 분지 씨는 중국어로 일본어 능력을 직접 채점하는 식으로 공부를 하고 있다.

"지금 저의 일본어 듣기 능력은 간단한 일상 용어는 이해할 수 있습니다만, 조금 어려운 말은 이해하지 못합니다. 한자라면 추측할 수 있기 때문에 간단한 글은 읽을 수 있지만, 신문을 읽고 이해할 수는 없습니다. 말하기는 인사 정도만 할 수 있고, 쓰기도 간단한 것밖에 하지 못합니다. 일본어 능력이 늘지 않는 것은 일할 때 장애가 될 뿐만 아니라 일상 사회생활에도 장벽이 되고 있습니다."

분지 씨와의 인터뷰는 중허전개척단 잔류 여성 3세인 쓰나시마 노부아키(綱島延明) 군이 통역을 맡아 고생했는데, 쓰나시마의 일본어는 혀를 내두를 만큼 정확하고 간결했다. 다나카 분지 씨의 두 손자가 쓰나시마 군처럼 이중 언어 생활자로 성장할 수 있기를 바라마지 않는다. 분지 씨의 눈빛은 화제가 손자로 바뀌었을 때 온화해졌지만, 부인인 위란(玉蘭) 씨의 병에 관해 이야기할

때는 목소리가 잠겼다.

귀국하고 얼마 되지 않았을 때 부인의 기관지 천식이 진행되었고 발작을 일으키는 바람에 병원을 들락날락해야 했다. 1991년 말에는 병원에서 천식 치료약을 다섯 가지나 받아 하루에 한 알씩 먹는 알약을 아침저녁으로 네 알씩 2개월 동안 복용했다. 의사가 지시를 잘못 내렸는지 아니면 일본어를 잘못 알아들어 실수했는지 원인은 알 수 없지만, 어느 날 발에 심한 통증이 찾아와 일어날 수조차 없었다. 요코하마 시립병원으로 실려가 보니 천식 약을 너무 많이 먹어서 발병했으며 방치하면 고관절에 괴사가 진행될 것이라는 진단을 받았다. 두 번에 걸친 대퇴고관절 수술 후 오른쪽 다리가 2센티미터 정도 짧아졌고, 고관절 기능장해로 인한 신체장애 3급 판정을 받게 되었다. 스트레스 때문에 점차 웃음을 잃어버리고 찌푸린 표정으로 바뀌어 가는 아내의 모습에 분지 씨의 가슴은 저려 왔다.

귀국자의 자립을 위한 '자립지도원 제도'가 마련된 것을 알고 부인의 수술 전후에 두 차례 정도 지도원을 병원으로 오게 한 적은 있지만, 너무 바빠 보여서 자꾸 부탁할 상황이 아니었다. '자립지원 통역제도'가 있다는 것도 잘 알려져 있지 않아 분지 씨는 국가배상청구 소송(제6장 참조)에 참가하면서 비로소 그 사실을 알게 되었다. 만약 부인이 통원 치료할 때 통역이 함께 가주었더라면 사고를 미리 방지할 수 있었을지도 모른다.

2001년 7월, 다나카 분지 씨는 12년 동안 다닌 주류 도매회사를 정년퇴직했다. 손에 쥔 퇴직금은 200만 엔. 돌이켜 생각하면 귀국한 이래 한눈팔 새 없이 일만 해오던 분지 씨는 장인, 장모가 돌아가셨을 때에도 중국에 가볼 수가 없었다. 귀국 이후 13년 만에 간 중국에서 처가 가족이 사는 쓰촨성에 들러 성묘를 한 뒤 무단장 체육전문학교를 방문한 옛 교장은 체육위원회 간부가 된 제자들로부터 성대한 환영을 받았고 이는 잊을 수 없는 추억이 되었다.

5만 9천 엔의 후생연금만으로는 생활할 수 없었고 또 눈 깜짝할 사이에 퇴직금도 사라질 무렵인 2003년 5월, 어쩔 수 없이 생활보호 생활로 들어갔다. 다음해 여름, 장인의 10주기에 부인에게 두 번 다시 갈 수 없는 중요한 법요(法要)가 있다고 구청에 신고한 뒤 두 사람은 중국으로 건너갔다. 장녀 시아버지의 병문안도 겸하여 2주간의 여행을 끝내고 귀국하자, 관청으로부터 여권을 제시하고 여행 기간에 해당하는 반달 치 생활보호비를 반환하라는 요구에 직면했다. "이런 일처리 방식은 우리 고아들의 인권을 침해하는 것"이라 용서할 수 없다고 분지 씨는 이를 악물었다.

그를 잘 아는 사람들은 그를 '대지의 아들'이라고 부른다.

잔류 여성 12명의 강행 귀국

노교 요요기의 방일 조사 회의장에는 항상 열심히 일하는 자

원봉사자들이 있었는데, 대부분은 옛 만주와 인연이 있고 전후 귀환을 체험한 사람들이다. 일본 민요(나니와부시) 가수였던 구니토모 다다시(國友忠) 씨도 그중 한 사람이다. 젊어서 관동군에서 병역을 마친 뒤에 첩보 활동에 가담했다는 자신의 이색적인 경력에 관해서는 별로 말하지 않았지만, 북만주의 황야에 버려진 '고아'들을 떠올리기만 하면 안절부절못하는 의협심의 소유자였다. 종종 연예인과 함께 위문하러 오고는 했는데, 회의장에서 우연히 만난 다이이치키소향(第一木曾鄕)의 잔류 여성인 사이토 사토시(齋藤さと志) 씨로부터 약 2천 명의 잔류 여성이 친족의 동의를 얻지 못해 귀국하지 못하고 있다는 사실을 듣게 되었다. 타고난 의협심 탓에 구니토모 씨가 이끄는 자원봉사단체 '슌요카이(春陽會)'는 잔류 여성의 귀국을 원조하는 쪽으로 운동의 방향을 바꾸게 되었다.

그 즈음 1970년대에 고향 방문을 했을 뿐 영주 귀국의 길이 막혀 있던 잔류 여성들의 고향을 다시 방문할 수 있게 해달라는 편지가 후생성에 답지하고 있었다. 이에 일본 정부는 마지못해 1987년 "일시 귀국으로부터 10년이 지난 사람에 대해 두 번째 일시 귀국"을 인정하기로 했다. 발 빠른 행동력을 지닌 전 민요 가수는 이바라키현 사시마군 산와마치(猿島郡三和町)에 위치한 자택 택지 내에 '중국 잔류 여성, 고향의 집'을 짓고 그들을 맞이했다. 구니토모 씨는 그녀들에게 번갈아 이야기를 들으면서 일본 정부가 패전 당시 13세 이상 되는 사람을 왜 '고아'와 구분하여

'잔류 여성'이라고 정했는지 이해할 수 없었다. 일본 정부는 원래 13세 이상의 여성을 '국제결혼'한 사람으로 간주했지만, '잔류 고아' 역시 모두 결혼했다는 사실과 다르지 않다. 귀국을 요망하는 데 '고아'와 '여성'을 나이로 구분할 이유는 전혀 없다. 오히려 패전 후에도 일본어를 잊지 않고 견뎌 온 13세 이상의 사람들이 더 귀국을 요망할 것이고, 연령 면에서도 양부모나 시부모를 여의어 자유로워진 사람들이 대부분 아닐까.

일본 정부는 일시 귀국에 드는 여비를 내주기는 했지만, 20일간의 체재비는 모두 구니토모 씨가 부담해야 했다. 정부는 그녀들의 마음속에 있는 영주 귀국의 염원에 대해서는 아무런 방침을 강구하지 않았고 못 본 체하는 자세로 일관했다. 1991년 '고향의 집'으로 온 잔류 여성 가운데 12세 때 성장이 멈추어 버린 것 같은 여성이 하나 있었다. 시베리아, 중국 동북부에서만 발견되는 카신베크병에 걸려 뼈의 성장이 멈추어 버린 환자였음이 분명하다. 꽃무늬가 있는 아동용 유카타 차림으로 본오도리(盆おどり)를 춘 다음날 아침, '고향의 집' 욕조에서 허리끈으로 목을 맨 채 발견되었다. 나이 지긋한 전 민요 가수의 가슴속에 울분이 피어오른 것은 바로 이때였으리라.

그는 1년 남짓 누구와도 상의하지 않고 대본 하나를 썼다. 그 사이에도 잔류 여성 몇 그룹을 맞아들이면서 자신이 쓴 대본을 충실히 실천할 캐릭터를 골랐다. 그리고 중국으로 돌아가는 그녀들에게 각자 10만 엔씩 든 봉투를 건네고, 리더가 될 수 있다고

본 다케고시 리에(竹越リエ) 씨를 불러 대본의 내용을 확실히 전달한 뒤 중국으로 돌려보냈다. 정확히 43년간 지속된 자민당 정권이 바뀌고 호소카와(細川) 정권이 탄생한 여름의 일이다. 취임 다음날 열린 기자회견에서 총리는 "태평양전쟁은 침략전쟁이며 잘못된 전쟁이었다고 인식하고 있다"고 발언하여 내외의 이목을 집중시켰다.

텔레비전 앞에서 구니토모 씨는 분명 쾌재를 부르며 "때는 지금"이라고 외쳤을 것이다.

9월 초 『아사히신문』에서 중국 잔류 일본인 문제를 담당하는 오쿠보 마키(大久保眞記) 기자에게 구니토모 씨의 전화가 걸려 왔다.

"5일에 잔류 여성 12명이 돌아옵니다. '일본에서 죽고 싶다'고 말하는 분들입니다."

수수께끼 같은 내용의 전화였다. 오쿠보 기자는 끈질기게 질문했지만 설명다운 설명은 거의 듣지 못했다. 이전에 몇 차례의 취재와 신문 기사를 보고 구니토모 씨는 이 기자라면 자신의 대본을 현실화하는 데 협력해 줄 것이라고 육감적으로 믿은 게 틀림없다.

1993년 9월 5일 다케고시 리에 등 잔류 여성 12명이 아무런 사전 접촉 없이 나리타 공항에 도착했을 때, 그들을 기다린 것은 오쿠보 기자 한 명뿐이었다. 12명의 여성은 공항에서 후생성에 연락하고 수상 관저로 직행할 계획이었지만 대본에 작은 계산 착오가 있었다. 그날은 공교롭게도 일요일이라 관청은 모두 휴무였다. 그것까지 구니토모 씨의 시나리오에 포함되었는지는 모르겠지만, 갈 곳을 잃은 여성 12명은 어쩔 도리 없이 공항 로비에서 불안한 하룻밤을 지새우게 된다.

공항에는 구니토모 씨가 보낸 남성 자원봉사자 한 사람이 몰래 마중을 나와 하얀 종이에 구니토모 씨의 필적으로 '호소카와 수상님, 저희를 구해 주세요—중국 잔류 여성'이라고 쓰인 깃발을 건네고는 사라졌다. 또 구니토모 씨가 보낸 귀국 여성이 12명분의 도시락을 전해 주러 왔다. 이날에 대비해 12명은 각자 한 장씩 담요를 갖고 왔다.

다음날 아침 『아사히신문』은 공항 로비 소파에 누워 있는 12명의 사진과 함께 「수용처 없는 채 공항에서 하룻밤/중국 잔류 여성들 결의에 찬 귀국/12명, 정부의 원조 '기다릴 수 없다'/81세, 굽은 등으로 '구해 주세요'」 같은 표제어로 12명 여성의 돌연한 귀국을 상세하게 전달했다.

『아사히신문』의 이 특종기사에 텔레비전이 움직였다. 나리타 공항은 방송국에서 온 취재진으로 북적거렸다. 오전의 기자회견에서 다케무라 마사요시(武村正義) 내각 관방장관은 "그 마음은 아플 정도로 잘 안다"고 하면서 "후생성에 구체적인 조치를 지시했다"고 발표했다.

공항 당국의 배려로 12명에게 아침 식사가 제공되었고, 후생성이 서둘러 보낸 버스로 일행은 도코로자와의 '중국 귀국 고아 정착촉진센터'로 향했다(이 사건을 계기로 센터의 간판이 '귀국 고야'에서 '귀국자'로 바뀌었다). 일요일이라는 예상외의 장애물을 뛰어넘어 구니토모 씨의 대본은 거의 순조롭게 진행되어 가고 있었다.

도코로자와에 도착하자마자 12명은 기자회견에 임해 기자들의 질문에 대답하는 형식으로 성명, 나이, 내력 등을 밝혔다.

최고령자 요코다 하쓰에(横田はつゑ, 80세) 씨는 "나가노현 이난향(伊南郷)개척단에 잔류, 소띠 해. 소를 타고 겨우 돌아왔습니다. 일본의 모든 분, 도와주세요" 하고 말하며 합장을 했다. 다카하시 고토노(高橋ことの, 74세) 씨는 미야기현에서 대륙의 신부가 된 경우로, 남편은 시베리아에서 귀국한 후 재혼했다. 이마이 와카(今井ワカ) 씨(가나가와현 출신, 72세), 스즈키 요시카(鈴木ヨシカ) 씨(와카야마현 출신, 72세) 등 기구한 운명의 소유자들이었다.

아오키 소코(青木聰子, 71세) 씨와 오노다 마스요(小野田マスヨ, 63세) 씨는 모두 야마가타현 출신으로, 아오키 씨는 의용대에 응모했다 잔류했고, 오노다 씨는 일가족의 자살에서 유일하게 생존한 소녀였다. 미야자키 게사미(宮嵜けさみ, 67세) 씨는 나가노현 출신인데, 집단 자결이 결정되었을 때 아버지가 "돌아갈 수 있는 사람은 돌아가라!"라고 하신 한마디가 가슴에 맺혀 있다. 58세인 구도 데루코(工藤照子) 씨와 사사키 히사에(佐々木久榮) 씨는 함께 몹시 가난한 농가에 맡겨져 학교도 못 가고 일만 했기 때문에 글자를 못 읽는 건 물론 일본어도 하지 못한다. 최연소인 56세의 아라키 미치코(荒木美智子) 씨(나가사키현 출신), 구로즈카 미요코(黑塚

ミヨ子) 씨(나가노현 출신, 최고령의 요코다 씨와 같은 개척단)는 5세에 고아가 되었기 때문에 당연히 일본어는 전혀 할 수 없었다. 두 사람은 귀국 후에 고령임에도 힘이 남아 있었는지 직업을 찾아 필사적으로 일해서 가족 전원을 일본으로 불러들였다. 누구도 상상하지 못한 일이었다.

그리고 마지막으로 잔류 여성 사이에 '어머니'로서 사랑받고 버팀목이 된 일행의 리더 다케고시 리에 씨(69세)는 지금도 일본으로 돌아오지 못하고 있는 잔류 여성들을 위한 생각을 담아 확실한 일본어로 이렇게 말했다.

> 돌아가고 싶다, 돌아가고 싶다고 되뇌면서 중국에서 살아왔습니다. 눈 딱 감고 이런 행동을 취해서 후생성에 죄송하다고 생각하지만, 방법이 없었습니다. 호소카와 씨를 만나 의견을 말하고 싶습니다. 자민당에 몇 번이나 요청을 해도 친족의 승낙과 신원보증인이 필요하다는 말만 들었고, 그래서 우리는 돌아올 수 없었습니다. 후생성 여러분께는 죄송하지만, 호소카와 씨라면 알아주실 거라 생각해서 갑작스런 행동을 하게 되었습니다. 호소카와 씨를 만나고 싶다고 한 이유는, 영주 귀국을 위해 친족의 승낙과 신원보증인이 필요하다고 오랫동안 정해 온 것을 취소해 주셨으면 하는 마음에서입니다. 그렇게 한다면 빨리 일본으로 돌아올 수 있다고 생각합니다.
>
> —오쿠보 마키, 『중국 잔류 일본인』에서

기자회견에서 밝혀졌듯이 12명 중 4명은 패전 당시 13세 미만인 '잔류 고아'였으며, 8명이 '잔류 여성'이었다. 모두 신원이 확인되고 호적이 있었음에도 친족의 동의를 얻어야 한다는 조건이 충족되지 않아 전후 43년, 국교 회복 후 21년간 귀국을 미루어야만 했던 사람들이다. 잔류 고아, 잔류 여성으로 국한할 것도 없이 신원이 판명된 것이 오히려 장애가 되어 2천 명 정도의 여성이 여전히 중국에 체류하고 있다는 사실이 백일하에 드러났다. 이제 일본 정부가 말하는 잔류 고아, 잔류 여성이라는 경계조차 의미를 잃어버리고 말았다.

여러 텔레비전 방송사의 와이드쇼 바람이 일단락될 때를 기다려 구니토모 씨는 도코로자와 센터를 방문해 12명을 위로했다. 그가 리더인 다케코시 리에 씨의 귓가에 대고 "잘했어요"라고 작은 소리로 속삭이듯 말했을 때, 이 억세 보이기만 하던 여인의 눈에서는 눈물이 하염없이 흘러내렸다고 한다. 대본을 쓴 구니토모 다다시 씨가 끝까지 철저하게 모습을 숨긴 것, 그리고 대본의 작은 착오로 당일이 일요일이었던 것이 '강행 귀국' 효과를 더 크게 만들었다. 이는 이후 중국 귀국자 문제가 엄청나게 빠른 속도로 진행된 것을 보면 잘 알 수 있다(오쿠보 마키의 『중국 잔류 일본인』 참조).

그해 말 후생성은 '중국 잔류 여성'이라는 호칭을 '중국 잔류 방인(邦人)'으로 바꾸고, 귀국 희망자는 친족의 동의 여부와 상관없이 국가가 귀국 여비를 내주고 공영주택을 알선한다는 방침을 내놓았다. “누구나 자기 나라로 돌아갈 권리가 있다”는 세계인권 선언에 드디어 한 걸음 다가갈 수 있던 것이다.

“쇠는 뜨거울 때 두드리라”는 철칙에 근거하여 이듬해인 1994년, 의원 입법으로 「중국 잔류 방인 등의 귀국 촉진 및 자립 지원법」이 성립되었다. 여성 12명의 ‘강행 귀국’이 국회의원들의 마음을 움직인 것이다. 전후 49년간 등한시해 온 ‘중국 잔류 일본인’에 대한 원호가 ‘법’의 형태를 취한 점, 더욱이 ‘귀국 촉진과 자립 지원’은 ‘나라의 책무’라고 명기된 점은 가히 획기적인 것이라고 말할 수밖에 없다.

그러나 완성된 「중국 잔류 방인 등의 귀국 촉진 및 자립 지원법」의 조문을 살펴보면, 대부분 후생성이 대증요법적으로 시행하거나 사태의 진행을 뒤따라가듯 시행한 조치를 추인했을 뿐인 내용이다. 새롭게 포함된 것이라면 국민연금의 특례조치로서, 중국 체재 기간의 보험료가 면제되고 정부 부담분의 3분의 1에 해당하는 2만 2천 엔을 지급받을 수 있도록 개정된 것 정도였다. 영주 귀국 후의 보험료를 내면 그 햇수분은 가산되게 되었다고는 하지만, 비교적 일찍 영주한 사람이라도 국민연금은 3만 엔 정도에 불과하고, 노후를 생활보호에만 의지할 수밖에 없는 귀국자에게는 그것도 수입이라고 차감되어 연금으로서의 의미를 잃게 된다.

‘자립 지원’이 ‘나라의 책무’라고 떠들어댔으나 때를 놓쳐 버린 이 지원법은 자립을 돕지 못한 채 대다수 ‘중국 잔류 일본인’

은 생활보호에 의지할 수밖에 없는 길을 걸었다. 그런 가운데 「중국 잔류 방인 등의 귀국 촉진 및 자립 지원법」이 드디어 근본적으로 재검토되고 새삼 국가의 책무를 되묻는 시기가 임박해 오고 있었다.

제6장

국가배상 청구를 향하여

귀국의 정점을 찍은 1990년대

중일 간에 국교가 회복된 1972년 이래 중국 잔류 일본인 영주 귀국자는 어느 정도 숫자였을까? 또 그중에 '잔류 고아', '잔류 여성', '동반 가족'은 얼마만 한 숫자였을까? 1972~2005년 사이를 거의 10년마다 4기로 나누어 비교해 보면 〈표 10〉과 같다.

제1기인 1970년대는 신원이 판명되어 친족이 받아들인 잔류 여성, 어떤 형태로든 친족과 연락이 닿은 잔류 고아 가운데 잔류

〈표 10〉 4기에 걸친 중국 잔류 일본인의 귀국 상황

(단위 : 명)

기간	영주 귀국자 본인	그중의 '잔류 고아'		그중의 '잔류 여성'		비고
		본인	동반 가족	본인	동반 가족	
1972~1980	1,050	105	390	945	2,660	신원 판명자 사비 귀국 위주
1981~1989	2,185	1,110	4,526	1,075	3,401	신원 미판명 고아의 귀국이 가능해짐(첫 번째 피크)
1990~1999	2,783	1,129	3,587	1,654	4,591	'신원 보증인=친족' 규정이 폐지됨(두 번째 피크)
2000~2005	294	155	651	139	388	방일 조사 지속
합계	6,312	2,499	9,154	3,813	1만 1,040	영주 귀국자(본인 · 동반 가족) 총계 2만 6,506명

* 출전 : 2006. 3. 31. 후생노동성 조사에 의거해 작성.

여성의 귀국이 압도적으로 많았음을 알 수 있다. 국가의 지원은 없는 것과 마찬가지였지만, 시기가 일렀고 연령도 낮았기 때문에 자립하기가 수월했다.

제2기인 1980년대는 '일본 방문 조사'에 주목이 집중되고 자원봉사자의 협력으로 '신원 미판명 고아'에게도 귀국의 길이 열렸기 때문에 고아와 여성의 숫자가 거의 비슷한 가운데 영주 귀국의 첫 번째 정점을 보여 주고 있다. 그러나 귀국 후 잔류 여성에 대한 나라의 원호는 여전히 없는 것과 진배없는 상황이었다.

제3기인 1990년대는 12명의 잔류 여성이 강행 귀국한 충격으로 인해 '신원 보증인=친족'의 제약이 풀려 잔류 고아와 잔류 여성 모두 1980년대를 상회하는 숫자의 영주 귀국이 실현되었음을 알 수가 있다. 강행 귀국이 이루어진 1993년은 묘하게도 패전 당시 13세 이상이라고 일본 정부가 정한 '잔류 여성'의 최저 연령이 60세가 되는, 다시 말해 잔류 여성 전원이 인생의 만년을 맞이하게 되는 해였다. 또 「중국 잔류 방인 등의 귀국 촉진 및 자립 지원법」이 제정된 1994년은, 패전 당시 12세 이하라고 정부가 정한 '잔류 고아' 세대가 60대에 접어들기 시작한 운명의 해였다. 이 점들을 고려하면 지원법이 너무 뒤늦게 만들어졌음을 떠올리게 된다.

만일 「귀국 촉진 및 자립 지원법」이 중일 국교가 회복된 1972년에 성립되었더라면 잔류 고아와 잔류 여성의 어려움은 최소한에 그칠 수 있던 게 아닐까. 1990년대의 영주 귀국자들은 '자립 지원'은커녕 '노후 불안'에 직면하고 있었다 해도 결코 과언이 아니다.

그리고 제4기인 21세기에 접어들어서도 여전히 일본 방문 조사의 희망은 끊이지 않고 있다. 1984년 중국을 방문한 와타나베 고조(渡部恒三) 후생성 장관에게 "이런 상태라면 10년이 걸려도 끝나지 않을 겁니다"라고 한 우쉐첸 외상의 말은 결코 기우가 아니었던 셈이다.

후생노동성의 조사에 근거하여 만들어진 앞의 〈표 10〉에 열거된 숫자를 통해서 보면, 영주 귀국자와 그 동반 가족의 전체 합계는 2만 6,506명이다. 1984년 중국과 일본이 교환한 구상서에는 "일본 정부는 고아가 희망할 경우 재일 친족의 유무와 관계없이 동반할 중국의 가족과 함께 일본으로 영주하는 것을 받아들인다"는 문장이 들어 있는데, 그 배경을 보자면 일본 측이 영주 귀국 시 동반 가족을 미성년자로 제한한 결과 중국 국내에 이산가족이 남게 되는 사태가 사회문제가 되고 있었기 때문이다.

그러나 일본 측은 여전히 '미성년 가족'에 한해만 귀국 여비를 지급한다는 방침을 바꾸지 않아 성인이나 기혼 가족을 불러오는 일은 영주 귀국자 본인의 힘으로 처리할 수밖에 없었다.

잔류 여성들의 고령화에 따라 노후를 돌보아 준다는 것을 조건으로 나중에 일가족 동반이 인정되기는 했지만, 잔류 고아나 잔류 여성 모두 이산가족을 일일이 불러들이기 위해서는 엄청난 부담을 떠안았다. 이렇게 어렵사리 불러들인 가족의 숫자가 〈표 10〉에는 나와 있지 않지만, 자원봉사자들의 추정에 따르면 2~3세를 포함할 경우 족히 10만 명은 넘을 것이라고 한다. 이 '초청 가족'(2~3세 가족)에게는 일본어 교습은 물론 주택, 취업, 자녀 취학 등에 대한 국가의 지원이 전무한 상태였다. 이들은 거품경제 붕괴 이후의 황무지에 방치된 채 3D 업종으로 내몰렸다.

잔류 여성 12명의 강행 귀국을 계기로 제정된 「중국 잔류 방인 등의 귀국 촉진 및 자립 지원법」에서 처음으로 잔류 여성까지 지원 대상에 포함했으나, 이미 전원이 60대를 넘겨 생활보호에 의존할 수밖에 없게 되었다. 지원법에 명시된 국민연금 일률 2만 3천 엔이 수입으로 간주되어 생활보호비에서 공제된다. 그리고 생활보호는 초청된 가족과의 동거를 인정하지 않는다. 정부는 여전히 잔류 여성을 자기 의사로 잔류한 자로 간주함으로써 '개인 차원 원칙'이나 '자기 책임론'으로 잔류 여성의 목소리를 억누르려 하고 있다.

귀국한 지 얼마 안 되어 도쿄 미타카시(三鷹市)에 '중국 귀국자의 모임'을 만들어 생활상담실을 설치한 스즈키 노리코(鈴木則子) 씨는 잔류 여성과 그 가족들이 문의해 오는 각종 문제에 직면했다. 2001년 그는 동료 두 명과 함께 전시(戰時)까지 소급해서 전후에 걸친 국가 시책의 근본적 문제를 다시 추궁하기 위하여 도쿄지방법원에 국가배상청구 소송을 제기하게 되었다. 스즈키 씨의 진술서를 통해서 한 잔류 여성의 60여 년을 추적해 보고자 한다.

세 잔류 여성의 소송

전전(戰前)에 스즈키 노리코 씨 생가의 가업은 도쿄 교바시(京橋)에서 4대째 이어진 청과물 도매상이었다. 그런데 4명 있던 점원이 하나둘씩 징병당한 데다 전시 통제경제의 여파로 가게를 닫을 수밖에 없었다. 폐업 도매상 모임에서 '진기부쓰리쓰코(仁義佛立講)개척단' 이야기가 나오면서 집안 분위기가 어두워졌다. 하나 있는 오빠는 해군 병학교(兵學校)에 진학했다. 58세의 부친은 개척단에 강한 저항감을 갖고 있었으나 '도만(渡滿)'으로 내몰렸다. 니혼바시(日本橋)고등여학교를 다니던 소녀에게도 불안감은 있었지만, "왕도낙토를 세우고 동양 평화를 위해 개척하여 만주국 건설에 힘쓰는 거야. 관동군을 위해 증산하고 나라를 위해, 천황폐하를 위해 혼신의 힘을 다하는 거야" 하고 스스로 다짐하면서 여동생들과 함께 부친의 뒤를 따랐다. 전업(轉業) 개척단이 상공성의 '기민(棄民) 정책'이라고는 의심해 볼 재간이 아직 없었다.

입식 대상지는 노몬한 부근의 하라헤이(哈拉黑)였다. 부뚜막의 재에 온기가 남아 있는 가옥과 광대한 토지가 기다리고 있었다. 부친은 입식 반년 만에 병으로 죽고, 모친 또한 1년 뒤에 그 뒤를 따르듯이 돌아가셨다. 고등여학교 중퇴의 이력 덕분에 그녀는 개척단 학교의 임시교사가 되었다. 학교에서 잡일을 맡고 있던 중국인 소년 왕(王)의 병든 모친에게 약을 전하러 갔다가 "이렇게 드넓은 토지가 지천인데 왜 너는 농사일을 하지 않는 거니?"

하고 후안무치한 질문을 던지기도 했다. 부친이 관동군의 '노동자'로 일하다가 돌아가셨다고 대답하는 소년의 눈동자에 분노의 불길이 이글거리는 것조차 알아차리지 못한 침략자의 딸이었음을 자각하게 된 것은 패전으로 입장이 역전된 뒤의 일이었다.

진기부쓰리쓰코개척단은 같은 도쿄의 전업자들로 구성된 에바라개척단과 함께, 소련군이 쳐들어오는 가운데 '갈근묘(葛根廟) 사건'[33]이라고 불리는 참극에 휘말리면서 거의 전멸되는 희생을 낳았다.

자매 넷은 뿔뿔이 흩어졌고 스즈키 노리코 씨는 여러 차례 정신을 잃고 몇 번이나 죽음의 늪에 빠지기도 했다. 그때마다 현지 주민들이 구해 주었다. 내몽골의 흥립둔(興立屯)이라는 마을에 당도했을 때 처음으로 일본이 패전했음을 알았는데, 귀환 등에 관한 정보는 하나도 접할 수 없었다. 한때 노름꾼에게 사로잡힌 적이 있었지만, 마음씨 착한 빈농 부부가 그녀를 사서 빼내 주었다. 노름꾼들로부터 몸을 지키기 위해 부부의 자식과 '결혼'하라는 권유를 받자 매번 거절할 수가 없었다. '국제결혼'이라는 말과는 영 동떨어진, 선택지가 없는 '동거'라고밖에 말할 수 없는 것이었다. 하지만 남편이 된 그 중국인 아들은 착해서 스즈키가 일본 국적을 유지하는 것을 인정해 주었다.

---

33 1945년 8월 14일 만주국의 갈근묘(거겐먀오. 현 내몽골자치구 싱간멍)에서 일본인 피난열차에 가해진 소련군의 무차별 민간인 학살 사건. 1천여 명 중 90퍼센트 이상이 부녀자, 아동이었다고 전해진다.—옮긴이

일본어를 잊어버리지 않기 위해서 밤이 되면 혼자 집 밖에 나가 내몽골의 별빛 아래 일본 노래를 불렀다. 언젠가는 일본에서 마중을 올 거라는 기대가 있었다.

어느 날 마을에 중국 공산당 지도원이 찾아와서는 "스즈키 씨, 이번에는 당신이 노름꾼을 고발할 차례입니다" 하고 말을 걸었다. 일본놈(르번쿠이즈)이라 지탄을 받을 게 뻔하다고 생각하던 그녀는 잠시 귀를 의심했다. 지도원은 계속해서 이렇게 말했다. "당신도 희생자에요. 침략자가 아닙니다. 지구상에서 제국주의를 없애고 힘을 합해 평화를 지키는 것… 중일 양 국민은 수많은 희생자를 내고 말았지만, 이제부터는 당신에게 어엿한 인권과 생활이 부여될 겁니다. 당당하게 가슴을 펴고 중국 사회에서 살아 나가 주세요."

"이 말을 들었을 때, 나는 드디어 해방되었구나 하는 생각이 들면서 마치 엄마 품에 안긴 듯한 기분에 왈칵 울음이 터졌습니다."

이렇게 스즈키는 적고 있다.

그러나 한편 '노동자'로서 강제노동을 강요당했거나 가족이 살해당했거나 하는 기억이 아직도 생생한 일반 중국인들로부터 "일본놈은 정말 악질이야", "자기 국민들까지 버렸어" 하고 비판하는 소리를 듣게 되면 가슴이 철렁했다. 그녀는 중국어를 필사적으로 배우기 시작함으로써 자신을 다잡을 수밖에 없었다.

"중국에서는 어떤 일이 있었을까?", "왜 우리는 중국으로 온 걸까?", "어째서 개척민이 총알받이가 되었을까?" …스스로에게

던지는 이런 질문들이 그녀의 중국어 학습에 큰 동기 부여가 되었다. '난징 대학살 사진전', '731부대 사진전', '만인갱(萬人坑) 유적' 등에서 많은 것을 배울 때마다 전에 초등학교에서 잡무를 보던 왕 소년을 다시 만난다면 그 소년의 분노를 이해조차 못한 채 적당히 넘겨 버리고 만 일에 대해 무릎 꿇고 사죄할 게 분명했다. 나중에 스즈키 씨는 남편과 함께 탄광 도시인 푸순(撫順)으로 이사를 갔는데, 거기에는 전 일본군 병사들이 B · C급 전범으로 복역하고 있었다. 그녀는 비록 쇠고랑은 차지 않았지만 'D · E급'이라고 불려도 마땅하다는 자세로 중국 사회에서 계속 살아 나갔으리라 상상할 수 있다. 그것은 또한 '잔류 여성'이라고 불린 '잔류 일본인'들이 헤쳐 나가야만 했던 연옥(煉獄)이었다고 말할 수 있지 않을까?

"역사를 명확히 하지 않으면 나 자신 앞으로 살아나갈 수 없다고 생각한 거죠."

스즈키 노리코 씨가 도달한, 살아 나가기 위한 정신적 거처는 옛 서독 사람들이 밟은 전후의 경험과 중첩되는 대목이 있다. 서독은 주위를 둘러싼 10개국과 국경을 맞댄 지정학적 위치에 놓여 있었다. 그 나라들에는 많건 적건 나치 독일이 자행한 침략의 상흔이 남아 있고, 거기에는 진기부쓰리쓰코개척단의 초등학교에서 잡무를 보던 왕 소년의 눈동자에 비친 분노와도 비슷한 눈초리가 쏟아지고 있었기 때문에, 서독의 전후는 역사를 똑바로 응시하는 것 말고는 재출발할 수가 없었다. 24시간을 오로지 중국 사회에서 계속 살아내지 않으면 안 되었을 잔류 여성은 한층 더 엄혹한 환경에 처해 있었다고 해야 할 것이다.

1978년 스즈키 씨는 셋째딸만 데리고 일본으로 귀국했다. 그녀는 중국에서 줄곧 외국인 등록을 하고 있었으므로 일본인으로서 귀국한 것인데도 신원인수자가 필요하다는 말을 들었다. 납득이 가지 않았지만, 결국 생활도 편한 상태가 아니던 여동생에게 빌다시피 사정해서 신원인수자를 맡도록 해 영주 귀국을 감행했다. 양재나 청소 일 등을 하면서 자립한 뒤 남편과 장녀 가족, 장남, 차남을 차례차례 초청해서 자립시켰다. 남편은 창고나 자전거 거치장 관리 등의 일을 전전하며 장남 가족과 차남 가족을 불러들여, 세상을 떠난 차녀를 제외한 가족 전원의 귀국이 드디어 10년 만에 완료되었다.

귀국한 지 얼마 안 되었을 무렵, 스즈키 씨가 자원봉사자로 알게 된 야마모토 지쇼 씨와 '일중 고아문제연합회'의 군지 히코(郡司彦)[34] 씨, 이오리야 이와오(庵谷磐)[35] 씨를 방문하여 "어째서 저

---

34 전시에 내몽골에서 부지사를 지낸 관료로서, 1980년 아사히신문 기자 스가와라 고스케를 요코하마에서 만나 22만 명의 만주 입식자 명부를 갖고 고아 조사를 시작했다. 일본 정부가 고아 조사를 시작하기 10년 전의 일이다.

35 1917년생. 선양(당시의 펑톈) 출생으로 도쿄대학을 졸업한 뒤 만철 푸순(撫順) 탄광에 근무하다가 1946년에 귀환되었다. 중국 잔류 고아 문제 전국협의회 회장을 역임했으며, '중국 잔류 고아의 국적 취득을 지원하는 모임'의 참모로서 자료 정리 면에서 탁월한 '이론파'이다. '고아 문제의 도서관'이라고도 불린다.

는 이렇게 오랫동안 귀국하지 못했던 걸까요?", "왜 생활도 어려운 여동생 부부에게 신원인수인이 되어 달라고 하지 않으면 귀국조차 할 수 없었던 겁니까?" 하고 소박한 의문을 던지는 가운데, "이것은 나라의 책임이고 나라가 전후 처리로서 제대로 대처해야 할 문제임에도 불구하고 책임을 지지 않고 개인에게 떠넘기고 있다. 그것이 문제다"라는 것을 체험에 비추어 잘 알게 되었다고 한다.

귀국 5년째를 맞은 1982년, 스즈키 씨는 동료들과 '중국 귀국자 모임'을 만들고 도쿄 미타카시에 일본어 교실 겸 생활 상담실을 개설했다. 일본어 교실은 일본의 9군데 외 하얼빈에도 만들었다. 생활 상담실은 ① 귀국자의 집 구하기와 일거리 찾기, ② 국적 · 취적 문제, ③ 법률 문제 및 2~3세의 재판 지원, ④ 2~4세의 교육 문제 및 재류권 문제, ⑤ 생활보호 등 행정 업무 돕기 등을 지원했다.

생활 상담실에 귀국자들이 안고 있는 모든 문제를 갖고 오게 됨으로써, '중국 귀국자 모임'은 귀국자들의 교류의 장인 동시에 동료들이 갖고 있는 문제의 소재를 알게 되는 안테나 역할을 하게 되었다.

귀국자들의 국적 · 취적 수속을 밟느라 법원에 가는 경우가 많아 때로는 2~3세가 휘말린 사건 때문에 변호사와 긴급히 연락을 취해야만 하는 일도 적지 않았다. 그런 가운데 2001년 5월 11일, 전 한센병 환자들이 나라를 상대로 소송을 제기한 「나병(癩病) 예방법」 위헌 소송에 대해 구마모토(熊本)지방법원이 승소 판결을 내렸다. 이 뉴스는 인권 침해에 고통을 받던 사람들에게는 복음과 같은 것이었다. 「나병 예방법」의 제정은 묘하게도 '잔류 여성'을 만들어 낸 배경이 된 만주사변과 같은 해인 1931년의 일이었다.

한센병 환자들의 승소 판결로부터 반년 뒤인 2001년 12월 7일, 스즈키 노리코 씨는 동료인 후지이 다케코(藤井武子) 씨, 니시다 루미코(西田瑠美子) 씨와 함께 도쿄지방법원에 '잔류 여성 · 잔류 고아'를 만든 나라의 책임을 촉구하며 국가배상 청구 소송을 제기했다.

요원의 불길이 된 소송

또 다른 안테나는 가나가와현에 거주하며 잔류 고아의 취적 운동을 중심으로 정력적으로 자원봉사 활동에 종사해 온 스가와라 고스케 씨였다. 이 사람 없이는 잔류 고아의 집단소송이 불가능했을 것이라고 말해도 좋으리라.

경력부터가 이색적이다. 이시하라 간지의 고향에 가까운 야마가타현에서 15세 때 '만몽 개척 청소년 의용군'으로 건너갔다. "나는 소만 국경에 토치카를 만들러 온 게 아니다. 농부가 되고 싶은 거야" 그런 염원이 지도자에게 알려진 건지, 그는 현지의 빈농 집에 보내져서 1년간 북방 농업을 기초부터 배웠는데, 그런 사이에 중국어가 몸에 배었다. 치치하얼개척단에 파견되어 각종 작물을 재배하던 2년간은 즐거웠지만, 18세 때 3년 병역을 근무하고 돌아오라고 관동군에 보내졌다. 오키나와로 가는 부대였는데, 베이징 관화(官話) 2급 통역 자격이 부대장의 눈에 띄어 헌병 교습대로 빠졌다. 1년간의 교습을 거쳐 임관한 스가와라 헌병 병장은 스핑가(四平街) 헌병대에 배속되어 오장(伍長)으로 진급했다. 8월 9일 새벽 2시 비상이 걸려 일어나 동기 대원 7명과 함께 이쿠타 쇼조(生田省三) 소좌의 지휘 아래 들어갔다. 기억에 따르면 그날 오전 10시, 신징역에서 출발하는 특별열차를 호위하게 되었다. 구름처럼 몰려든 피난민들을 위협해서 따돌리고 출발한 열차에는 야마다 오토조(山田乙三) 사령관의 가족과 나이 든 중장 등이 타고 있었다.

8월 15일에 있었던 소위 '옥음방송(玉音放送)'을 평양역 역장실에서 들은 뒤 여성 13명이 권총 자살을 하는 소동이 일어나 시간이 지체된 가운데 열차를 재편성해서 신분증 소지자 외에는 모두 몰아내고 부산으로 내려갔다. 화이트 아스파라거스와 파인애플 통조림 등 만주에서는 입에 대지도 못하던 식료품들이 쌓여 있었고, 이쿠타 소좌의 트렁크에는 100엔짜리 돈다발이 가득했다. 부산에서 어선을 매수해 야마구치현 고구시(小串) 항에 도착했다.

도쿄에 당도해 호위 임무를 마친 8명의 대원은 자결하기 전에 이시하라 간지 중장에게 면회를 요청했다. 경우에 따라 서로 찔러 죽이는 것도 불사한다고 장담하던 청년들은 오히려 장군에게 설득을 당해 자결을 포기했다.

헌병 교습대 출신자는 그 경력 때문에 전후에 대학에서 다시 공부할 기회를 잃었다. 경작할 토지가 없던 스가와라 씨는 고향의 지방 신문에서 기자 수업을 쌓고 아사히신문사의 촉탁 통신원으로 시작해서 기자가 되었고 아사히신문 서부 본사의 경찰 취재 반장이 되기까지 각지에서 사건을 추적했다. '청소년 의용군'에 응모하던 청춘 군상을 돌이켜 볼 여유도 없이 30여 년이 순식간에 흘러갔다.

봉인된 '만주 체험'이 뜯기기 시작한 것은 1974년 8월『아사히신문』의 특집「생이별한 사람들의 기록」을 읽었을 때였다. 신징역 플랫폼에 흘러넘치던 인파, 창턱에 매달려 승차하려는 사람들의 손길을 뿌리치고 출발하던 특별열차. 인파 속에는 갓난애를 업고 아이의 손을 잡은 여성들이 많았다. 과연 생이별하지 않고 돌아오는 게 가능했을까? 자책감이 가슴을 파고들었다. 하지만 만주 체험의 원점은 아직 흔들리지 않았다.

그러던 (1978년의—옮긴이) 어느 날 요코하마 차이나타운을 취재하던 중에 '만주'라는 말을 자꾸 쓰다가 화교 청년에게서 주의를 받았다. 청소년 의용군의 침략성을 논리정연하게 지적당했다. 누구보다 승부욕이 강한 스가와라는 망연자실했다. "내 나이 53세 때 일이죠." 기쁨과 슬픔이 뒤섞여 봉인되어 오던 청춘이 드디어 굉음을 내며 무너진 그때부터 현대사를 다시 배우기 위해 도서관을 출입하기 시작했다.

1980년 정년과 함께 제2의 직장을 뿌리치고 중국 방문단에 가담하여 옛 만주의 오지를 찾아, 나중에 도쿄 원고단 단장이 되는 시밍(徐明) 씨, 즉 이케다 스미에(池田澄江)[36] 씨를 비롯해 수많은 잔류 고아와 만나게 되면서 방일 조사의 길을 넓혔다. 방일 조사 회장으로 몰려든 만주 체험 자원봉사자들 중 청소년 의용군 체험자는 연령상으로 비교적 젊어 활동력이 있었기 때문에, 그 뒤 '신원 미판명 고아'의 신원인수인이 되어 취적 수속을 추진하는 중심적인 자원봉사자가 되어 간다. 약 400명의 고아들로부터 귀국 소속 등에 관하여 모두 2천 통에 달하는 문의를 받은 스가와라 고스케 씨가 귀국 후 고아들의 어려운 처지를 가장 잘 파악하는 안테나가 된 것은 자연스러운 귀결이었다.

20세기가 막을 내리는 2000년, '중국 잔류 고아'라고 불려 온 사람 중 3분의 2가량은 60세 이상의 연령에 접어들었다. 후생성

36 '중국 잔류 고아의 국적 취득을 지원하는 모임'의 전신인 '시밍 씨를 지원하는 모임'을 통해 일본 국적을 취득했다. 중국 이름은 시밍(徐明), 귀국 후 제출한 호적상의 이름은 이마무라 아키코(今村明子), 그리고 1996년 마침내 여동생과 재회하여 판명된 원래 이름이 이케다 스미에다. 이 세 개의 이름이 그의 극적인 생애를 말해 준다. 현재 '사쿠라 공동법률사무소' 내에 있는 '중국 잔류 고아의 국적 취득을 지원하는 모임' 사무국에 근무하면서 취적 설명회, 취적 신청 수속, 면접 시의 통역 등을 담당하고 있다.—옮긴이

사회원호국의 조사에 따르면, 이해에 '중국 잔류 고아'의 생활보호비 수급률은 65.5퍼센트에 달했다. 양부모 묘소 참배나 문병을 하러 어떻게든 가야만 하는 사람의 생활보호비는 여비가 공제되고 중국 방문 기간 동안 지급이 정지된다. 그 전년도의 「세대 상황 조사표」에는 중국에 자녀를 남겨 두고 온 세대가 67.2퍼센트로서 여전히 가족 분단 상태가 해소되지 못했음을 파악할 수 있다.

수많은 '고아'로부터 중국식으로 '선생'이라는 경칭으로 불리던 스가와라 고스케 씨는 고아들의 곤경이 현지 가나가와현과 요코하마시 등 지방자치단체 수준의 지원으로는 도저히 따라잡을 수 없는 상황에 이르렀음을 알게 되었다. 그리하여 '인권 무시' 때문에 기피되던 생활보호와는 다른 방식의 노후 생활 보장이 필요하다고 고아들과 함께 후생성과 절충한 적이 있다. 전에 후생성은 귀국 1년을 경과하면 한시바삐 생활보호에서 벗어나도록 촉구했지만, 그때 중국 고아 대책실장은 거꾸로 "인권 무시 운운하지 말고 의식을 개혁해서 생활보호를 받으면 된다"는 말을 태연하게 내뱉었다. 국회에 교섭을 해보았으나 여당인 자민당의 벽은 두터웠다.

"이제 자원봉사자의 손으로는 감당할 수 없게 되었다"는 생각에 잠긴 스가와라 씨에게 여러 명의 '고아'가 "스가와라 선생, 이건 심하지 않습니까?", "우리는 죽을 수밖에 없어요. 어떻게든 해주십시오" 하고 이구동성으로 부탁을 하는 장면도 있었다. 메마른 모래처럼 결코 한 덩어리가 될 수 없을 것만 같은 고아들의 현상에 비판을 가하면서 스가와라 씨는 목소리를 높였다.

"당신들, 고아 200명을 모을 수 있겠소? 그게 가능하다면 내가 도와주리다."

'스가와라 선생'의 발언이 도화선이 되어 그해 9월 '중국 양부모 사은의 모임'이라는 낯선 이름의 모임이 결성되었다. '인권 무시'의 생활보호 아래 양부모의 묘소 참배나 문병조차 갈 수 없는 분통함이 모임의 이름 속에 아로새겨져 있었다. 말 그대로 도시락을 싸들고 200명이 아니라 320명의 고아가 참가한 설립 총회는 '스가와라 선생'의 녹슬어 있던 베이징 관화 2급 통역 면허증이 50여 년 만에 소생하는 순간이었다.

10월 가을비를 맞으면서 요코하마 차이나타운에서 "중국 귀국자의 노후 보장을!"이라고 적힌 현수막을 신기한 듯 쳐다보면서 서명을 한 사람이 있을 것이다. 도쿄에서도 '부상동심회(扶桑同心會)'라는 쑨원(孫文)식 명칭의 모임이 설립되어 서명 활동이 확대되었다. 2001년 5월 구마모토지방법원에서 한센병 환자들이 70년 만에 인권을 획득한 「나병 예방법」 위헌 승소 판결은 '중국 잔류 고아'의 서명 운동에 큰 자극을 주었다. 그해 6월 10만 명의 서명부와 함께 「중국 귀국자의 노후 보장을 촉구하는 청원서」가 중의원과 참의원에 동시 제출되었다.

이날 국회 청원을 위해 모인 약 350명의 인원은 히비야(日比谷)공원까지 최초로 시위행진을 벌였지만, 청원은 심의에도 올라가지 못한 채 채택되지 않았다. 8월 15일 국회 주변에 몰려든 고

아들의 숫자는 약 600명으로 늘어났고, 가스미가세키(霞が關)에서 히비야공원을 향해 두 번째 시위가 벌어졌다. 후생노동성과 절충했으나 결말이 나지 않고 국회 청원은 채택되지 않은 이상, 이제 마지막으로 재판에 호소하는 길밖에 없다고 본 '중국 양부모 사은의 모임'과 '부상동심회' 회원들은 '스가와라 선생'과 함께 길고 험한 길을 걸어 나가게 된다.

그런데 소송의 소장은 과연 어떻게 썼던 것일까? 국회에 모인 600명의 고아 가운데 일본어를 자유롭게 할 수 있는 사람은 극히 일부에 불과했다. "스가와라 선생이 써주면 되잖아" 하는 사람도 있었다. "농담 하는 거요? 당신들의 취적 수속을 하러 가정법원에 두세 번 간 적이 있지만, 이번에는 국가를 상대로 한 재판이란 말이요." 스가와라 선생과 고아들 사이에 격론이 오갔다.

"스가와라 선생이라면 소장 정도야 쓸 수 있을 거 아니요." "그리 간단한 거라면 고민할 필요도 없게요." 우선 변호사를 물색하는 일부터 시작했다. 소개를 받아 열세 번째로 만나게 된 빼어난 솜씨의 변호사가 겨우 귀를 기울여 주었다. 전시 보상 재판을 끈질기게 이끌어 온 오노데라 도시타카(小野寺利孝) 변호사였다. '중국 잔류 고아' 문제는 처음이었다. 스가와라 씨와 여섯 시간에 걸친 대화 끝에 변호를 맡기로 한 오노데라 씨는 이렇게 말했다.

"나라의 잘못된 정책에 대해 질적인 전환을 촉구하는 재판은 일반적으로 변호사가 주도권을 쥐게 되지요. 그런데 이야기를

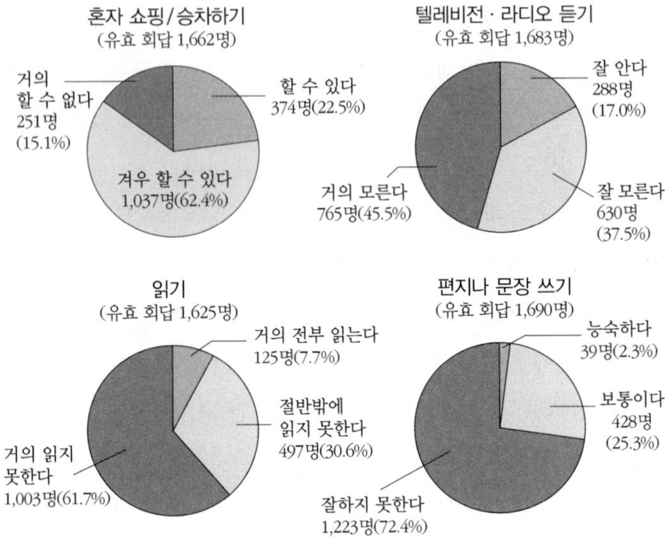

〔그림 3〕 잔류 고아들의 일본어 습득 상황

듣자 하니 원고가 되려는 사람이 600명이나 있는데 변호사가 한 명도 없다는 게 말이 됩니까? 전대미문의 재판이지만 한번 해봅시다."

오노데라 변호사의 호소로 일단 30명 정도의 변호단이 꾸려졌다. 그중 한센병 환자를 승소로 이끈 변호사가 있다는 것을 알게 된 고아들은 고무되었다.

일이 이 지경이 될 때까지 이른바 인권변호사라 불리는 사람들의 귀에 잔류 고아의 목소리가 닿지 않은 이유는 무엇일까? 거기에는 신원인수인에게 폐를 끼치는 게 아닐까, 또 생활보호를 못 받게 되는 건 아닐까 하는 염려 등 여러 요인이 있었다. 아마 고아들의 일본어 표현력이 부족한 것도 큰 요인이 되었을 게 분명하다(〔그림 3〕 참조).

변호단은 만들어졌으나 원고 한 사람 한 사람의 청취 조사에는 통역이 필요했다. 원고의 4분의 3이 일본어로 편지나 문장을 쓰지 못하는 데다 일본어를 자유롭게 구사하는 사람이 2.3퍼센트에 불과하다는 숫자 자체가 나라의 정착 · 자립 지원 정책이 파탄되었음을 지적할 좋은 재료인 한편, 소송 준비를 크게 늦추는 요인이었다. 그런 가운데 귀국자 2세나 3세가 통역에 큰 힘이 되어 준 점은 미래를 생각할 때 긍정적인 재료이기도 했다.

소송 준비가 막바지에 달해 있던 2002년 12월 초 국회에서 「북조선 당국에 의해 납치된 피해자 등의 지원에 관한 법률」이 성립되어, 피해자의 자립을 위해 5년간 단신일 경우 월 17만 엔, 2인 세대일 경우 월 24만 엔을 급부하고, 납치 기간을 국민연금 피보험자 기간으로 간주하여 국가가 보험료를 부담한다는 등의 특별조치가 추가되었다. 이를 차별이라고 느낀 잔류 고아가 많았기 때문에 오히려 단결을 강화하는 효과를 낳았다.

2002년 12월 20일 아침, 도쿄 나가타초(永田町)의 세이료회관(星陵會館)에 모인 '중국 잔류 고아'와 그 가족 등 800명은 대열을 꾸려 국회에서 가스미가세키 주변을 거쳐 히비야공원까지 시위 행진을 한 뒤, 원고 629명의 대표가 변호사를 동반하고 도쿄지방법원에 "국가는 고아의 귀국 촉진과 자립을 지원할 의무가 있음에도 불구하고 이를 게을리했다"고 국가배상을 요구하는 소송을 제출했다. 소장의 앞머리에는 그 취지가 다음과 같이 명확히 요약되어 있었다.

> 본 소송은 중일전쟁 종료 전후, 피고인 국가에 의해 주로 중국 동북부(옛 만주)에 유기되어 양친과도 이별하고 힘들게 중국에서 살아가야 했던 원고들, 이른바 중국 잔류 고아(이하 '잔류 고아'라고 함)가 보통의 일본인으로서 인간답게 살 권리를 회복하기를 요구하며 제기한 것이다. 본 소송의 목적은 수많은 일본인 고아가 중국에 남겨져 생존하고 있음을 알면서도 이를 무시하거나 방치하고 장기간 이들의 귀국을 막아 온 피고, 국가의 정책이 지닌 위법성을 추궁하고, 또 가까스로 귀국한 잔류 고아가 보통의 일본인으로서 생활해 나갈 수 있기 위해 필요한 시책을 실시해 오지 않은 국가의 책임을 묻는 동시에 그 정책의 발본적인 전환을 촉구하는 데 있다.

이하 장문의 소장에서 시간순으로 소송의 요점을 열거하자면 다음과 같다.

> (1) '잔류 고아'를 만든 국가의 선행 행위—관동군의 침략 정책, 국책으로서의 '100호 500만 명' 개척 계획, 패전 시 국가가 제시한 일본인 현지 정주 정책.

(2) 패전 후의 전기 귀환, 후기 귀환에서도 '잔류 여성, 잔류 고아'의 존재가 방치된 사정, 기시(岸) 정권의 반공 정책에 의한 귀환의 단절.

(3) 미귀환자 특별조치법의 성립과 전시 사망선고 제도의 도입. '잔류 여성, 잔류 고아' 다수의 생존을 인지하면서도 방치한 사실.

(4) 일중 국교 회복 후 '잔류 여성, 잔류 고아'의 귀국에 종합적 대책을 세우지 않은 것. 신속한 귀국 지원 대책을 수립하지 않은 것.

(5) '잔류 고아'들이 귀국한 뒤의 자립 · 정주 지원책에 적절한 조치가 결여되어 있던 것.

이듬해인 2003년 4월 18일 제1회 구두 변론이 열려 방청석이 가득 찬 가운데 두 명의 원고가 의견 진술을 했다. "방청인은 말 없는 변호인인 거죠." 옆자리에 앉은 하야시 이쿠(林郁) 씨의 명언이 가슴에 새겨졌다. 이후 두 달에 한 번꼴로 원고 여러 명의 진술이 이어졌다. 대부분 법정 통역이 들어가야 했다. 원고 대리인(변호사)석과 마주 보는 국가 측 대리인은 "원고의 주장은 도리에 어긋난다"는 말만 되풀이했다.

이날을 위해 열심히 일본어 진술을 준비해 온 원고가 있었다. 원고 번호 25번 고케쓰 요미코(纐纈代美子) 씨는 '고아'가 된 내막을 담담하게 말한 뒤, 귀국 후에도 여전한 차별 상황을 견뎌 냈으나 생활보호하에서의 인권 무시 상황을 더 이상 견디기 힘들어 원고로서 재판에 나서게 된 심정을 훌륭하게 표현했다. 방청석에는 손수건을 움켜쥐는 사람들이 많았고 "원고의 주장은 도리에 어긋난다"는 목소리도 들려오지 않았다.

도쿄지방법원의 '잔류 고아 국가배상청구 소송'이 뉴스로 보도되자마자 국가의 '적당한 분산' 방침 때문에 지방 각지에 흩어져 정착해 있던 고아들 사이에 재판에 대한 관심이 자연스레 높아졌다. 〈표 11〉을 보면 지방법원 변호단의 움직임과 연동해서 고아들의 의욕이 급속하고도 자율적으로 고양되고 있었음을 읽어낼 수가 있다.

제1차 제소의 원고 40명으로 시작한 도쿄지방법원의 경우, 같

〈표 11〉 일본 전역의 제소 잔류 고아 원고 수(2007. 12. 13. 현재)

	제소 지방재판소	현재 법원	제소 연월일	제소 차수	원고 수	
1	도쿄	도쿄고등법원	2002. 12. 20.	제1차	40	40
		도쿄지방법원	2002. 12. 20.	제2차	589	1,052
			2003. 9. 24.	제3차	321	
			2004. 10. 4.	제4차	126	
			2005. 6. 30.	제5차	16	
2	삿포로	삿포로고등법원	2003. 11. 26.	제1차	80	85
			2004. 5. 14.	제2차	5	
3	센다이	센다이지방법원	2005. 5. 19.	제1차	5	85
			2005. 7. 5.	제2차	20	
			2005. 12. 12.	제3차	21	
			2006. 4. 24.	제4차	37	
			2006. 12. 26.	제5차	2	
4	야마가타	야마가타지방법원	2005. 6. 17.	제1차	34	34
5	나가노	나가노지방법원	2004. 4. 28.	제1차	67	79
			2005. 6. 17.	제2차	12	

6	나고야	나고야지방법원	2003. 9. 24.	제1차	23	171
			2003. 9. 24.	제2차	116	
			2004. 5. 13.	제3차	32	
		나고야지방법원	2005. 5. 19.	제4차	39	39
7	교토	교토지방법원	2003. 9. 24.	제1차	90	109
			2004. 7. 23.	제2차	18	
			2005. 10. 7.	제3차	1	
8	오사카	오사카고등법원 (오사카지방법원)	2003. 12. 25.	제1차A사건	32	32
		오사카지방법원	2003. 12. 25.	제1차B사건	79	112
			2004. 4. 21.	제2차C사건	29	
			2005. 6. 20.	제3차D사건	4	
9	고베	오사카고등법원 (고베지방법원)	2004. 3. 30.	제1차	56	64
			2004. 7. 1.	제2차	6	
			2005. 5. 27.	제3차	2	
10	오카야마	오카야마지방법원	2004. 2. 20.	제1차	16	27
			2004. 7. 14.	제2차	6	
			2005. 2. 2.	제3차	4	
			2005. 6. 22.	제4차	1	
11	히로시마	히로시마지방법원	2003. 9. 24.	제1차	51	61
			2004. 4. 21.	제2차	8	
			2006. 3. 10.	제3차	2	
12	도쿠시마	다카마쓰고등법원 (도쿠시마지방법원)	2003. 10. 27.	제1차	4	4
13	고치	고치고등법원 (고치지방법원)	2003. 10. 30.	제1차	45	56
			2004. 11. 2.	제2차	1	
			2004. 11. 25.	제3차	9	
			2005. 12. 7.	제4차	1	
14	후쿠오카	후쿠오카지방법원	2004. 12. 8.	제1차	32	137
			2005. 5. 19.	제2차	44	
			2005. 7. 15.	제3차	27	
			2006. 2. 28.	제4차	27	
			2006. 11. 22.	제5차	7	

15	가고시마	가고시마지방법원	2003. 8. 20.	제1차	21	24
			2005. 7. 5.	제2차	3	
합계						2,211

* 15개 지방법원에 제소. 현재 10개 지방법원, 6개 고등법원(도쿄, 오사카 2사건, 나고야, 다카마쓰 2사건, 히로시마, 삿포로)에서 심리 중(일본민주법률가협회, 『법과 민주주의』 2008. 1월호에서 작성).

은 날짜로 589명이 제2차 제소, 2003년 9월에 321명, 2004년 10월에 126명, 2005년에 16명과 제5차 제소까지 모두 1,092명으로 원고 수가 증가한 것은 간토 권역에 거주하는 '고아'들이 도쿄로 합류했기 때문이다.

시계열적으로 보면 가고시마 · 나고야 · 교토 · 히로시마 · 고치 · 삿포로 · 오사카 순으로 2003년 말까지 남부 가고시마에서 북부 삿포로까지 9개 도도부현으로 확대되었으며, 2004~2005년 오카야마 · 고베 · 나가노 · 후쿠오카 · 센다이 · 야마가타 6개 현으로 확대됨으로써 전국 15개 지방법원에 합계 2,211명의 '잔류 고아'가 원고로서 이름을 올렸다. '귀국 고아' 약 2,500명의 87퍼센트에 해당하는 사람이 참가했음을 보여 준다. 도쿄의 경우에서 보았듯이 변호사가 주도하기보다는 고아들이 어렵사리 변호사 사무실을 찾아간 사례가 많았다.

푸석푸석 말라 있던 모래가 도쿄 국가배상 청구 소송의 정보를 촉매로 어느 틈엔가 끈끈하고 무거운 질량으로 바뀌어 나가고 있었다고나 할까. 누가 지휘한 것도 아니었건만 그토록 신속한 움직임이었다.

정책 전환 투쟁의 이정표

2004년 늦가을 나는 고베의 변호단장인 무네토 다이지(宗藤泰而) 변호사에게 전화를 받고 '중국 잔류 일본인 고아'가 발생하게 된 역사적 배경을 중심으로 원고 측 증인으로서 증언해 달라는 요청을 받았다. 꼭 20년 전 '잔류 고아'의 방일 조사가 주목을 받고 있었을 무렵, 잡지 『세카이』에 「백성은 지금도 아직… —'잔류 고아', 그 역사와 현재」(나중에 『끝없는 여행』으로 제목을 바꾸어 출판)이라는 제목으로 연재한 바 있던 르포를 읽고 부탁해 온 것이었다. 당시는 나 스스로 잔류 고아의 귀국이 지체되는 것과 신병 인수에 이르지 못하는 것에 줄곧 조바심을 내고 있던 터라 '원고들의 소송에 조금이나마 부응할 수 있다면' 하는 생각에 무네토 씨의 요청을 받아들이기로 했다.

그렇지만 민사소송법을 읽어 본 적도 없는 나에게 법정 진술서를 쓰는 일은 마치 뜬구름을 잡는 것처럼 미덥지 않았고, 또 반대로 젊은 변호사의 눈에 관동군이라거나 만몽개척단의 세계란 상상하기조차 어려운 일이기도 해서, 토요일과 일요일을 이용해 소장 · 중견 변호사 5~6명이 우리 집까지 찾아와 모두 다섯 차례의 공부 모임을 가졌다. 그것은 민사소송의 운용 방식과 일본 근현대사를 서로 배우는 합숙 세미나와도 같은 것이어서 서로에게 자극이 되는 시간이었다.

잠시 발걸음이 뜸하던 도쿄지방법원의 재판에도 다시 관심이

갔다. 제일 선두로 소송을 시작한 스즈키 노리코 씨 등 3명의 소송은 원고 측의 페이스대로 15회에 걸친 구두 변론이 거듭되었다. 쟁점은 국가의 선행 행위—옛 만주에서의 침략 정책과 그 파탄—외에도 국가의 조기 귀국 지원 의무 위반, 귀국 후 자립 지원 의무 위반 같은 중요한 골자와 잔류 여성에 관한 세부적 쟁점으로 정리되었다. 이에 피고인 국가 측은 드디어 뒤져 있다는 것을 깨닫는가 싶더니만, 갑자기 방대한 양의 증거 서면이라는 것을 좌르르 제출해 방청석을 놀라게 했다.

재판이 종반에 접어든 시점에 피고인 국가 측이 제출한 준비서면을 보고서 급기야 재판장이 '보충 주장의 범위를 넘어서는 것'이라고 주의를 주는 장면까지 있었다. 22회의 구두 변론을 마치고 종심(終審)을 맞이한 단계에서 원고 측에게는 이제 모든 것을 내놓았다는 여유마저 느껴졌다. 그로부터 7개월 뒤인 2006년 2월 15일 언론 매체의 이목은 도쿄지방법원의 잔류 여성 국가배상 청구 소송 판결에 쏠려 있었다. 각 신문은 5년 전 제소 때와는 비교할 수도 없이 큰 지면을 할애하여 판결 내용을 상세하게 전했다.

> 중국 잔류 일본인의 국가배상 청구 / '행정 재량'으로 기각 / 도쿄지방법원 판결, 국가 정책은 비판
>
> —『요미우리신문』 2006. 2. 16.
>
> '자립 지원, 국가는 태만' / 중국 잔류 여성과 고아 / 배상 청구는

기각 / 도쿄지방법원 판결

— 『마이니치신문』 2006. 2. 16.

각 신문사 모두 판결 요지를 소개하면서 청구 기각의 사실보다 지금까지의 국가 시책이 비판받았다는 데 역점을 두어 보도했다.

이 판결〔재판장 이름을 따서 '노야마(野山) 판결'이라고 불린다〕의 요지는 주문(主文) 외에 ① 인정 사실, ② 조기 귀국 지원 의무 위반에 관한 판단, ③ 자립 지원 의무 위반에 관한 판단, ④ 결론이라는 총 5부로 이루어져 있다. 제1의 인정 사실을 비롯해서 거의 원고 측 주장에 따르는 형태로 서술되었으며, 조기 귀국 지원 의무와 자립 지원 의무 모두 국가의 태만이 현저했음을 지적하고 있다. 그러나 이를 국가배상법상 위법으로 보기에는 아직 한 걸음 부족하다는 식으로 원고의 소송을 기각했다.

그러나 한편으로 노야마 판결에서 국가배상법의 틀을 빼고 본다면, 조기 귀국 지원 의무에 대하여 잔류 여성의 경우 영주 귀국을 막고 지체시킨 정치적 책무의 태만을 분명히 지적하고 있으며, 중국 가정에서 살게 된 장기 미귀환자의 대다수가 모국어인 일본어를 잃고 그 결과 일본에서의 노동 능력을 잃었다는 것이야말로 '다른 전쟁 피해자들과는 상이한 특성'임을 예리하게 지적하고 있다는 데 주목할 필요가 있다. 그리고 국가배상법의 장벽이 높다는 것을 의식하면서도 고령화가 진행되는 중국 귀국 일본인에게 생활보호와는 별개의 원조금 지급 제도 창설과 함께 연금 제도의 특별 입법을 강력히 시사하고 있다는 데에도 유의해 두고자 한다.

노야마 판결의 내용을 전한 신문의 사회면에는 당사자 쌍방의 담화가 실려 있었다. 원고인 스즈키 노리코 씨는 다음과 같이 항소할 결심을 밝혔다.

"지금까지의 피해 사실을 인정하면서 어째서 기각이라는 결론이 나는 건가? 판결은 유감스럽다기보다 원통하다. 조국이란 무엇인가? 정말 몰인정하다. 나 자신을 위해 그리고 모두를 위해 숨이 붙어 있는 한 힘을 낼 것이다."

한편 피고인 후생노동성의 간부는 마치 국가 측이 패소한 것처럼 이런 말을 했다.

"의외로 엄중한 판결이다. … 중국 잔류 일본인만 특별 취급하는 것은 국가로서는 생각하고 있지 않다. 시베리아 억류자도 종전 직후의 귀환자도 마찬가지다. 판결은 국가에 의한 급부금 제도를 입법 조치하라는 식으로도 읽힌다. 전쟁의 참화를 겪은 사람은 그 밖에도 많이 있는데 중국 잔류 일본인에게만 돈을 내라는 것은 잘못이다."

노야마 판결은 국가배상법의 높은 장벽 앞에서 제동이 걸린 듯한 부분도 있지만, 국가의 정치적 책무를 지적함으로써 정책 전환의 방향으로 하나의 흐름을 만드는 계기가 되었다는 것은 부정할 수 없다.

법정에 드디어 피가 통하다

2005년 3월과 5월에 두 차례, 나는 증인 심문을 위해 고베지방법원에 갔다. 높은 축대 위에 세워진 법원의 법정 창문으로는 봄날의 밝은 햇살이 비쳐 들었다. 도쿄 가스미가세키의 창문 없는 법정과는 분위기가 딴판이라서 놀랐다. 또 이날 65명의 원고가 앉는 방청석에 중국어 동시통역이 흐르는 이어폰을 설치하기 위해 기계에 정통한 변호단의 한 사람이 오전 내내 땀을 흘렸다는 말을 듣고 놀랐다.

원고 65명 중 일본어가 나름 자유로운 사람은 불과 7명이라는 점이 전국 15군데 공판의 거의 공통된 고민거리였는데, 고베에서는 방청석 한구석에서 하는 '잔류 고아' 2세의 동시통역을 이어폰으로 청취하고 싶다고 전원이 신청을 했다. 피고인 국가 측이 반대하는 것을 재판장이 물리치고 인정했다는 말을 전해 듣고 나는 얼마간 긴장감을 풀 수 있었다. 이 동시통역 시스템은 나중에 방청한 나가노지방법원과 가고시마지방법원에서도 채용되었다.

처음으로 증언대에 서게 된 나는 오직 변호인의 유도에 따르고 변호인석 쪽으로만 대답하려 애쓴 나머지, 재판장으로부터 몇 번이나 "증인은 정면을 향해서 발언하도록" 주의를 받았을 정도였다. 그럼에도 증인으로 채택된 것은 재판관을 납득시키고 등 뒤에 앉아 있는 원고들을 격려하기 위해서일 거라는 데 생각이 미쳤을 때에는, 이미 정해진 세 시간이 어느 틈에 끝나려 하고 있었다.

재판장이 "마지막으로 증인이 남기고 싶은 말이 있으면 해주세요" 하고 재촉했다. 그때 가나가와현의 '귀국 고아'들이 '중국 양부모 은사의 모임'을 설립한 데에서 국가배상 청구 소송으로 발을 내딛게 된 것을 떠올리면서, 나는 '잔류 고아'와 양부모의 관계를 재판관이 제발 알았으면 싶었다. 원고가 목숨을 구하게 된 사정은 다양했지만 양부모 대부분은 전시하에서 줄곧 학대를 받아 온 현지의 빈농이어서, 그들이 품은 회한의 깊이는 나 같은 사람으로서는 도저히 상상할 수조차 없다. 귀국해 온 원고들이 생활보호의 족쇄 때문에 양부모에게 문병조차 갈 수 없는 현재의 상황은 어떻게든 개선해야 할 것이다.

더욱이 원고의 남편이나 부인은 중국인이라는 것이다. 온 가족이 나와 친한 한 원고는 '신원 미판명 고아' 중 한 사람인데, 그 중국인 부인이 이런 말을 한 적이 있다. "남편이 44년간 견뎌 낸 고독과 고뇌는 나의 적막함 따위와는 비교할 수 없을 정도로 깊어요. 내게는 자식도 둘 있고 하니, 내 걱정은 하지 마세요." 그렇게 말하는 부인의 얼굴에는 한 줄기 눈물이 흘러내렸다. 정년과 함께 생활보호에 의존할 수밖에 없게 된 남편의 미간에 점점 주름이 깊게 패인 것은, 자신의 귀국 때문에 아내의 노후를 불안하게 만들어 버렸다는 근심의 표상처럼 느껴진다. 귀국자들이 필요할 때 중국에 갈 수 있는, 생활보호와는 다른 생애 급부금이 고려되어야 할 것이다. 나는 그렇게 말했다.

검은 법복(法服)을 걸치고 한 계단 높은 자리에 앉은 재판관 3명이 어떤 심정인지 파악할 여유 같은 것은 있었을 리 없지만, 재판관의 호기심 어린 눈길이 방청석까지 미치고 있다는 느낌, 그리고 가끔씩 젊은 배석판사가 몸을 굽히듯이 귀 기울여 주던 정경이 마음에 새겨졌다.

폐정한 뒤 열린 기자회견에서 뺨에 홍조를 띤 듯한 원로 변호단장이 자신감 넘치게 다음과 같은 취지로 설명을 했다. "오늘부터 법원에서 동시통역이 인정되어 원고들의 귀에 이어폰으로 심리 내용이 하나씩 중국어로 전달될 수 있었습니다. 이로써 법정에 드디어 피가 통했다고 할지, 긴장감 있는 심리가 이루어지게 되었다고 생각합니다."

도쿄지방법원에서 최초의 국가배상 청구 소송이 제기되기까지 '귀국 고아'들의 목소리가 쉽사리 인권 변호사들의 귀에 가닿기 힘들었다는 것은 앞에서도 이야기했지만, 90퍼센트에 가까운 원고가 일본어 표현력을 잃고 있었기 때문에 재판이 시작되고 나서도 법정에서 펼쳐지는 심리가 원고들에게는 여전히 판토마임 이상이 될 수 없었다. 그러던 상황에서 이날 동시통역이 실현됨으로써 방청석의 분위기가 극적으로 변했다는 것을 재판관석에서 간파할 수 있던 게 분명하다. 나중에 이루어진 고베 판결 중에는 이런 대목이 있다.

…(원고 65명 중) 일상생활에 지장이 없을 정도로 일본어를 몸

에 익혔다고 보이는 사람은… 7명밖에 없다. 이들 7명도 정부의 일본어 교육에 관한 지원 대책에 의해 일본어를 익힌 것이 아니라 종전 시에 나이가 들었다든가 때마침 영주 귀국이 빨랐다든가 본인에게 독학할 재능이 있었다든가 하는 조건이 있었기 때문에 일본어를 익힌 것뿐이다….

동시통역의 배선(配線)이 원고가 앉은 방청석을 둘러쌌기 때문에 일본어 능력을 몸에 익힐 수 없던 58명 원고의 마음이 열리는 동시에 재판관 역시 58명을 포함한 65명의 원고 한 사람 한 사람과의 거리를 좁혀 나갈 수 있게 된 가운데, 원고 · 변호단과 재판관 사이에 생긴 이상한 친화력이 그후의 재판 방향을 결정해 나가게 되었다고 말할 수 있지 않을까.

고베 원고단의 신원 판명자는 37명인데 그중 4~5명의 나가노현 출신자가 있었다. 현인회(縣人會)를 하자고 권유한 것은 원고 한 사람 한 사람의 내력에 정통한 오쓰키 노리코(大槻倫子) 변호사였다. 고마쓰 가즈야스(小松一安) 씨, 시모히라 도모요시(下平朋好) 씨, 나가이 요시미(長井喜美) 씨, 미야지마 미쓰코(宮島滿子) 씨 등 4명은 모두 신슈 이나다니(信州伊那谷)에서 만주로 송출된 개척단의 자녀들이었다. 또 한 사람 전후 현지에서 태어난 사와 마사미치(澤政道) 씨의 모친은 나가노 출신의 개척단원으로서, 이들 4~5명은 신원 판명 37명 중 12.2퍼센트에 해당한다. 전국에서 송출된 개척단원 가운데에서 점하는 신슈 송출 개척단원의 비율과 딱 맞아떨어지고 있다는 데 나는 다시 한 번 놀랐다. 거기에는 혼자 힘으로 일본어를 몸에 익힌 게 분명한 사람이 3명이나 있어서, 그날 밤의 현인회는 "통역이 필요 없는" 잊지 못할 모임이 되어 내 기억에 아로새겨졌다.

고베의 법정에서 전망이 밝다는 인상을 받으면서도 전쟁 피해를 둘러싼 국가배상 청구 소송은 낙타가 바늘구멍에 들어가는 일만큼 어렵다고 하는 말을 듣자, 나는 수험생이 된 듯 불안한 기분으로 2006년 12월 1일을 맞을 수밖에 없었다. '승소'라고 큰 글씨로 써 붙인 삐라를 텔레비전에서 보았을 때 한순간 믿기 힘들다는 생각이 들었지만, 낯익은 원고들의 넘칠 듯한 미소가 화면에 비치는 것을 보고서야 겨우 뭔가 뜨거운 것이 내 가슴에 복받쳐 올랐다. 그날 석간 1면에는 다음과 같은 큼직만한 활자가 눈에 띄었다.

> 잔류 고아 국가에 배상 명령/집단소송 고베지방법원 판결/귀국 지체시키고 지원도 게을리하다/중국에서 온 61명 총액 4억 6,860만 엔/국가, 항소 검토/〔해설〕 납치 피해자와 비교 구제책 확립을
>
> —『요미우리신문』 2006. 12. 1.

이튿날 고베 판결을 둘러싼 상세 보도 가운데 『아사히신문』은 "빈틈없고 꼼꼼한 지원이 필요"하다는 아베(安倍) 수상의 담화를 전했다. 고베 판결의 충격이 얼마나 컸는지를 잘 드러내고 있다

고 하겠다. 며칠 뒤 변호단이 보내 준 A4용지 275쪽이나 되는 판결 전문을 나는 오랫동안 음미하며 정독했다. 민사소송 판결문을 그렇게 빨려 들듯 통독한 것은 난생처음이었다. 난해한 법률 개념과 용어가 억제되고 원고의 진술이 충분히 피력되어 전체가 이야기와 같은 구성으로 되어 있었는데, 그것은 방청석에 둘러쳐진 동시통역용 이어폰에서 드러난 배려와도 통하는 것이라 여겨졌다.

판결 이유는 ① '인정 사실'과 ② '피고의 책임' 두 부분으로 이루어져 있고, ①은 '잔류 고아' 발생의 주된 원인을 소련 침공에 두는 피고(국가 측)의 주장을 배척하고 국가의 '만주 정책', 특히 무자비한 대량 이민 정책을 세심하게 추적하는 데에서 시작하여 패전 시의 혼란과 전후 13년에 걸친 대량 귀환으로부터 제외된 채, 귀환이 단절된 뒤 「미귀환자 특별법」에 의해 호적에서 '전시 사망선고'라는 이름으로 말살되는 등 중일 간 국교 회복까지 무려 27년 동안이나 소외된 '잔류 고아, 잔류 여성'의 모습에도 눈길을 던져 나간다. 그런 상황 속에서 '고아'들이 망향의 일념을 강화하고 귀환을 열망하게 된 것은 "인간으로서 가장 기본적이고 자연스러운 욕구의 발로에 다름 아니다"라고 인정한다. 그러고는 판결에 즈음한 법원의 입각점을 이렇게 서술한다.

> …그런데 잔류 고아를 발생시키기에 이른 일련의 정책, 즉 국책으로서 시행된 이민, 관동군의 대폭 전용, 정밀 확보의 우선시, 만

주 방위의 포기라는 일련의 정책은, 메이지 유신 이후 우리 나라가 경험한 전쟁과 근대화 역사의 소산으로 역사가가 논해야 할 문제이지 전후의 사법재판소가 법적인 관점에서 그 당부나 위법성을 논하는 것은 가능하지도 적절하지도 않다

라고 하면서 "그렇지만" 하고 한 호흡 멈추고 나서,

전후의 헌법이 입각한 가치관에서 볼 때, 전투원이 아닌 일반 재만 일본인을 위와 같이… 무방비 상태로 놓아 둔 정책은 자국민의 생명과 신체를 현저히 경시하는 무자비한 정책이었다고 할 수밖에 없다. 따라서 헌법의 이념을 국정의 근거로 삼아야 할 전후의 정부로서는 무자비한 정책에 의해 초래된 자국민의 피해를 구제할 고도의 정치적 책임을 가능한 한 져야 한다고 생각하지 않으면 안 된다….

고 하여, 현행 헌법과 정부의 정치적 책임 사이의 관계를 명시한 뒤 원고 65명의 조서(調書)와 원고 측 변호인의 주장에 입각하여 이렇게 판결을 내린다.

…(특단의 합리적 근거도 없는) 귀국 제한에 의해 일정 기간 우리 나라로의 영주 귀국에 방해를 받았다고 인정되는 원고가 있는 경우, 피고는 국가배상법 제1조에 근거하여 그자가 위법하게 귀국을

제한받음으로써 입은 손해를 배상해야 할 책임을 진다….

그리고 기나긴 지연 끝에 귀국한 '잔류 고아'의 자립 지원에 대한 법적 책임에 대해서도,

…정부 자신에 의한 선행 행위가 거듭된 바 있고 그로 인해 일본 사회에서의 적응에 곤란을 초래하는 상태에서 영주 귀국이 불가피해진 잔류 고아가 있는 경우, 설령 자립 지원법과 같은 특별한 법률이 없더라도 정부 관계자(후생대신)는 조리(條理)에 따라 잔류 고아가 일본 사회에서 자립하여 생활하는 데에 필요한 지원책(일본어 습득, 취로 및 직업 훈련, 자립 시까지의 생활 유지를 위한 지원책)을 강구해야 할 법적 의무(자립 지원 의무)가 있었다고 볼 수 있다….

고 하며, 잔류 고아와는 대조적으로 국가가 과단성 있게 대처한 북한 납치 피해자 지원책의 내용을 상세히 비교 · 고량(考量)하여 이렇게 잘라 말하고 있다.

…납치 피해자에 대하여 시행된 자립 지원책은 잔류 고아에 대해 어떤 시책을 취해야 했는가, 또는 어떤 시책을 취할 수 있었는가를 판단하는 데 참고가 된다고 할 수 있다. …조리가, 정부에 대해 잔류 고아와의 관계에서 실시를 촉구하는 자립 지원책이 납치 피해자와의 관계에서의 그것보다 빈약해도 될 리가 없다….

판결 후의 기자회견 석상에서 원고단장인 하쓰타 미쓰오(初田三雄) 씨는 "이런 판결이 나와서 감동하고 있다. 잔류 고아의 모든 문제를 전면적으로 해결할 길을 열어 주었다"고 말했고, 부단장인 가가와 마사코(香川雅子) 씨는 "이 판결 때문에 일본인으로 다시 태어난 기분이 든다. 얼어붙었던 마음도 눈 녹듯 풀릴 것만 같다"고 말했다. 바로 이 말이야말로 판결의 내용을 적확하게 보여 준다고 할 수 있으리라.

맺음말

'중국 잔류 일본인'들의 국가배상 청구 소송은 지금껏 일본 정부의 무대책과 시책의 과오를 무색하게 만든 소송으로서 법조 관계자 사이에서는 '정책 형성 소송'이라고 불린다. 귀국한 '잔류 고아'는 2,500명, 그중 90퍼센트 가까이 되는 사람이 원고가 되어 일본 정부의 시책 변경을 요구하며 들고일어난 것만 보더라도 이를 알 수 있다. 9할 가량의 사람이 원고가 되었다는 사실을 듣고 지금까지의 시책은 실패했다고 탄식하는 소리가 후생성 안에 번졌다고 한다. 옛 만주로부터 100여만 명의 귀환자가 있었는데, 그중에 자칫 잘못하면 잔류 고아 신세가 될 뻔한 체험의 소유자들도 많았다. 그런 역사가 반영되어 언론을 포함한 여론은 고베 판결을 환영했다.

재판 직후 아베 신조(安倍晋三) 수상의 담화도 이런 여론을 의식한 것이었을 테고, 휴면 상태이던 여당의 프로젝트팀이 움직이기 시작한 것도 마찬가지 이유였을 것이다. 그러나 '정책 형성 소송'은 그렇게 간단히 진척되는 것이 아니라 언제든 역풍을 맞을지도 모른다. 실제로 수상 담화를 무색하게 만들듯이 항소 기한을 꽉 채운 12월 10일 피고인 일본 정부는 고베 판결에 불복해 항소했다. "재판을 질질 끌어서 원고가 죽을 때를 기다리겠다는 거냐!" 하는 분노 섞인 목소리까지 들렸다. 실제로 1심 단계에서 전국의 '원고 고아' 중 몇 명은 판결의 결과를 보지 못하고 병으로 세상을 떠났다.

전국의 원고 중 절반이 연관되는 도쿄지방법원의 심리는 6개월 전에 끝났다. 결심(結審)을 위해 변호단 측이 제출한 A4 용지 400쪽의 최종 준비 서면은 4년에 걸친 변론의 집대성으로서 후발 법정의 유력한 무기가 될 것이다. 그러나 마음에 걸리는 것은 후반부에 부리나케 교체된 도쿄지방법원의 재판장이 이것을 과연 소화해 낼 수 있을까 하는 점이다.

이듬해인 2008년 1월 30일 도쿄지방법원 103호 법정에서 열린 판결 공판을 보고 '아연'할 수밖에 없었다. 주문(主文)은 단 두 줄. "1. 원고들의 청구를 모두 기각한다. 2. 소송 비용은 원고들이 부담한다." 한순간 법정의 분위기가 싸늘해진 것도 전혀 개의치 않은 채 갱지 몇 장에 적힌 글자를 냉랭하게 읽고 나서 판사는 문 뒤로 사라졌다. 나중에 건네받은 판결문을 보고 나는 또 한 번 아연실색했다. '인정 사실' 도처에 만인(滿人)·선인(鮮人) 같은 역사적 차별어가 보였고, 비적·토비 등 시대착오적인 속어도 자주 나타났다. 차별어를 쓰지 말도록 경고하는 건 바로 법원이 아니던가. 일본 정부가 범한 조기 귀국 실현 의무의 태만은 중요한 쟁점 중 하나가 되어야 했지만, 도쿄지방법원은 이렇게 결론을 내렸다.

…일본어도 잘 구사하지 못할뿐더러 일본의 문화와 생활습관에도 익숙하지 않은 귀국자 및 그 가족이 한꺼번에 입국하게 된다면 오히려 귀국자와 그 가족이 일본 사회에 원활하게 정착하는 일이 곤란해져서 국내에 혼란이 일고 준엄한 비판이 나올 우려가 있었다….

너무나 빈곤한 상상력에다 냉혹하고 비정하기만 한 도쿄 판결에 나는 인내심을 잃고 만 듯한 느낌이었다. 아베 수상 역시 이 판결에 아무런 움직임을 보이지 않은 채 야나기사와 하쿠오(柳澤伯夫) 후생노동성 장관에게 새로운 시책을 지시했다고 표명했을 뿐이다. 참의원 선거를 앞두고 내각에 대한 지지율을 높이려는 바람이 담겨 있었을 것이다.

그렇다고는 해도 가장 중요하다고 할 도쿄지방법원의 판결이 이후에 각 지방법원의 판결에 미칠 영향은 부정할 수 없다. 북쪽의 홋카이도에서 나고야, 히로시마, 도쿠시마, 고치까지 원고가 패소했다는 소식이 이어졌다. 자세히 보면 도쿄 판결과는 달리 일본 정부의 선행 행위인 침략 정책의 잘못을 인정하고 정치적 책무를 지적한 부분이 있기는 하지만 패소했다는 사실에는 변함이 없었다. 오직 고베 재판의 1승만으로 버텨 내야 하는 역경 속에서도 「개정 중국 잔류 일본인 지원법」의 성립까지 간신히 도달할 수 있었던 원동력은, 잔류 고아의 90퍼센트에 가까운 원고들이 끝까지 단결을 유지했기 때문이지만, 2007년 여름 참의원 선거의 귀추라는 정치적 흐름 또한 이 '정책 형성 소송'을 뒷받

침하고 있었다.

아베 수상의 갑작스런 사임 때문에 개막된 임시 국회는 인도양에서의 급유 활동을 재개하기 위한 보급지원 특별조치법안을 둘러싸고 이례적으로 해를 넘기는 방식으로 전개되었다. 그런 가운데 국민연금 최고 6만 6천 엔, 그리고 급부금 8만 엔을 합해 독신 세대에게 월 최대 14만 6천 엔(배우자가 있는 경우 4만 엔 추가)을 지급하고 의료비를 면제하는 등 새로운 지원책을 담은 「개정 중국 잔류 일본인 지원법」이 2007년 11월 28일 참의원 본회의에서 만장일치로 가결・성립되었다.

이 조치를 받아들여 12월 13일 도쿄고등법원에 항소한 도쿄 원고단은 제1차 구두 변론의 의견 진술에서 "정부의 책임을 애매하게 만든 채 종결시킨 것은 유감이지만, 법 개정으로 노후 생활에 대한 보장이 크게 진척되었다"고 하며 소송을 취하(取下)했다. 이에 대해 피고인 일본 정부 측은 후생노동성 사회원호국장 명의로 12월 5일 후쿠다 야스오(福田康夫) 수상의 사죄의 말을 인용하면서 "새로운 지원책을 성실히 실행하겠다"는 이례적인 발언으로 응수했다. 도쿄 원고단 중 한 명이며 원고단 전국연락회의 대표이기도 한 시미즈 히로오(清水宏夫, 70세) 씨는 "앞으로 새로운 제도가 결정 사항대로 운용되는지 두고 보아야 하므로 원고단은 해산하지 않는다"는 입장을 표명했다.

대법원에 상고 중인 스즈키 노리코(鈴木則子) 씨 등 3명의 국가배상 청구 소송 건을 제외하고, 전국 15군데에서 제소 중이던

'잔류 고아' 재판은 순차적으로 종결을 향해 나아가게 된다. 「개정 중국 잔류 일본인 지원법」에 따라 '중국 잔류 일본인'들의 당면한 최저 생활은 확보되었고 의료비의 불안에서는 해방되었다. 그러나 모든 원고의 염원, 즉 '잔류 일본인'을 만들어 낸 나라의 책임에 대한 인정이 불분명한 점 등 과제는 아직 많이 남아 있다.

10만 명이 족히 넘는 2~3세 그리고 4세들이 「개정 지원법」의 틀 밖에 놓이고 말았으나, 이미 '잔류 여성' 2세의 고령화도 진행되어 조만간 사회적 안전망을 모색해야만 한다. 그 안전망은 앞으로 일본이라는 다문화 사회의 구성 요소로서 눈길을 떼면 안 될 것이다. 5년에 걸친 재판 투쟁 가운데 일본어가 자유스럽지 못한 부모들을 대신하여 2~3세의 젊은 세대가 눈이 되고 귀가 되어 역할을 다하는 자세를 보고 마음이 든든했다. 재판을 계기로 잔류 일본인들이 손에 쥐게 된 협력의 끈을 앞으로 어떻게 살려 나갈 것인가. 이와도 관련하여 일본 시민사회의 진화에 불가결한 과제로서 제기되어 있는 '중국 잔류 일본인 60여 년'의 신산(辛酸)이 자양분으로 전화되기를 바라마지 않는다.

이 책을 정리하면서 원고, 원고 변호단, 그리고 수많은 지원자로부터 얻은 교시들, 또 이와나미 신서편집부의 헌신적인 협력에 감사드린다. 아울러 고베지방법원의 세 분 재판관들께 깊은 경의를 표하고 싶다.

2008년 1월 지은이 이데 마고로쿠

주요 참고문헌

滿洲開拓史復刊委員會 編,『滿洲開拓史』(增補版), 全國拓友協議會, 1980.

長野縣開拓自興會滿州開拓史刊行會,『長野縣滿州開拓史』(總編, 各團編, 名簿編 全3巻), 1984.

島田俊彦,『關東軍』, 中公新書, 1965.

防衛廳防衛研修所戰史室 編,『戰史叢書 關東軍(2)』, 朝雲新聞社, 1974.

防衛廳防衛研修所戰史室 編,『戰史叢書 大本營陸軍部(10)』, 朝雲新聞社, 1975.

山田昭次 編,『近代民衆の記錄(6) 滿州移民』, 新人往來社, 1978.

埴科鄕記念誌編集委員會 編,『果しなく黃色い花咲く丘が ― 第十次東索倫河埴科鄕開拓團の記錄』, 埴科鄕記念誌編集委員會, 1978.

栗屋憲太郎 編,『ドキュメント昭和史2 滿州事變と二・二六』, 平凡社, 1983.

引揚援護廳長官官房總務課記錄係 編,『引揚援護の記錄』, 引揚援護廳, 1950.

厚生省引揚援護局總務課記錄係 編,『續・引揚援護の記錄』, 厚生省, 1955.

厚生省引揚援護局總務課記錄係 編,『續續・引揚援護の記錄』, 厚生省, 1963.

厚生省援護局 編,『引揚げと援護三十年の步み』, ぎょうせい, 1978.

厚生省援護局 編,『中國殘留孤兒 ― これまでの足跡とこれからの道のり』, ぎょうせい, 1987.

厚生省社會・援護局援護50年史編集委員會 監修,『援護50年史』, ぎょうせい, 1997.
古川萬太郎,『日中戰後關係史』, 原書房, 1981.
江成常夫,『シャオハイの滿洲』, 集英社, 1984.
林郁,『滿州・その幻の國ゆえに—中國殘留妻と孤兒の記錄』, ちくま文庫, 1986.
全國捕虜抑留者協會長 齋藤六郎,『シベリアの挽歌—全抑協會長の手記』, 終戰史料館出版部, 1995.
蘭信三 編,『「中國歸國者」の生活世界』, 行路社, 2000.
坂本龍彦,『證言 冷たい祖國』, 岩波書店, 2003.
大久保眞紀,『ああ わが祖國よ— 國を訴えた中國殘留日本人孤兒たち』, 八朔社, 2004.
小川津根子・石井小夜子,『國に棄てられるということ—「中國殘留婦人」はなぜ國を訴えたか』, 岩波ブックレット, 2005.
大久保眞紀,『中國殘留日本人—「棄民」の經過と歸國後の苦難』, 高文研, 2006.
西田勝・孫繼武・鄭敏 編,『中國農民が證す「滿洲開拓」の實相』, 小學館, 2007.
井出孫六,『終わりなき旅—「中國殘留孤兒」の歷史と現在』, 岩波書店, 1986.
井出孫六,「蒼氓はいまもなお・2007「中國殘留日本人孤兒」と日本」(1)～(4),『世界』2007. 5~8月號.
園田恭一・藤沼敏子,『中國歸國者の生活問題分析』, 東洋大學社會學部紀要,『年表 中國歸國者問題の歷史と援護政策の展開』, 1998.

日本民主法律家協會,『法と民主主義』(特集I 政策形成訴訟のあり方を考える), 2008. 1月號.

東京地裁 中國殘留邦人國家賠償訴訟, 判決文, 2006.

東京地裁 中國殘留孤兒國家賠償訴訟原告弁護團,「最終準備書面」, 同弁護團, 2006.

神戸地裁 中國殘留孤兒國家賠償訴訟, 判決文, 2007.

관련 연표

연월일	관련 사항
1928. 6. 4.	장쭤린(張作霖) 폭살 사건
1931. 9. 18.	만주사변
1932. 1. 15.	관동군 '만몽 정책 자문회의' 소집(2주간)
3. 1.	만주국 건국 선언
5. 15.	5 · 15 사건
8. 16.	척무성(拓務省) 만주 시험이민안, 각의 통과
9. 1.	시험이민 모집 개시
1933. 2. 24.	국제연맹, 만주국 불승인 결의
3. 27.	일본, 국제연맹 탈퇴 통고
3. 28.	「제1차 특별 이민용지 의정서」 조인
1934. 3. 8.	투룽산(土龍山) 사건 발발
11.	관동군, '대만(對滿) 농업이민회의' 소집
1936. 2. 26.	2 · 26 사건
3. 6.	'만주 이민을 말한다' 회합 개최
5. 11.	관동군, '만주 농업이민 100만 호 이주계획' 발표
8. 25.	히로다 고키(廣田弘毅) 내각, '만주 이민 20개년 100만 호 계획' 포함 7대 국책 결정
1937. 7. 7.	루커우차우(盧溝橋) 사건으로 중일전쟁 시작
8. 31.	만주척식공사 설립
1939. 9. 1.	제2차 세계대전 시작
1941. 7.	대본영, '관동군 특별 연습' 실시
12. 8.	아시아태평양전쟁 시작
1942. 1. 6.	'만몽개척 제2차 5개년계획' 책정
1945. 2. 4.	얄타회담 개최
4. 5.	소련 외상 몰로토프, 일소 중립조약 불연장 통고
5. 30.	대본영, 「만선(滿鮮) 방면 대소(對蘇) 작전회의 요령」 책정
8. 9.	소련군, 만주 침공
8. 10.	대본영, 조선 보위, 만주 포기 결정

8. 14.	외무성, 「3개국 선언 수락에 관한 훈전(訓電)」에서 '거류민 가급적 현지 정착 방침' 채택
8. 15.	일본의 패전. 패전을 전후하여 만주 각지에서 개척단의 집단 자결이 잇달음
10. 25.	GHQ, 일본 정부의 외교 기능 정지 지령
1946. 3. 16.	GHQ, 「인양에 관한 기본 지령」 발령
4. 14.	소련, 만주에서 군정 폐지
5. 5.	귀환선 제1호 출항(1948년 8월 중단 때까지 약 104만 6,620명 귀환)
1949. 10. 1.	중화인민공화국 성립
10. 3.	이날의 귀환선 입항 이후 1953년 3월까지 중국으로부터의 집단 귀환 중단
1950. 6. 25.	한국전쟁 발발
1951. 9. 8.	샌프란시스코 강화조약 조인, 일미 안전보장조약 조인
1952. 4. 28.	대일 평화조약 · 일미 안전보장조약 발효, 일화 평화조약 조인
12. 1.	중국 정부, 베이징 방송에서 귀환자 원조를 표명
1953. 3. 5.	베이징 협정. 집단 귀환 재개(같은 해 10월까지 7회, 합계 2만 6,032명)
8. 1.	「미귀환자 잔류 가족 등 원호법」 제정
1956. 6. 28.	텐진 협정. 전범 석방자를 포함하여 1,368명 귀환
1957. 9. 21.	제4차 일중 민간무역협정 교섭 개시
1958. 3. 5.	제4차 일중 민간무역협정 조인
3. 13.	중국 홍십자회로부터 일본인 거류민 귀국을 위한 배선(配船) 요망 통고. 집단 귀환 재개(같은 해 7월 13일까지 5회, 합계 2,153명)
5. 2.	나가사키 우표 전시회에서 중국 국기 사건 발생
5. 11.	기시 노부스케(岸信介) 내각의 중국 적대시 정책으로 일중 관계 전면 단절. 집단 귀환도 중단
12. 1.	미귀환자 일제 조사(중국 지역 미귀환자 2만 2,187명)
1959. 3. 3.	「미귀환자에 관한 특별조치법」 공포. 1만 3,600여 명의 전시 사망선고와 '자기 의사 잔류자 인정'

1966. 5. 16.	문화대혁명 시작(~1976년)
1972. 2. 27.	중미 공동성명(상하이 커뮤니케) 발표
9. 29.	일중 공동성명, 국교 정상화
1974. 6. 3.	젠닛쿠(全日空) 특별기로 여성 70명이 고향 방문
6.	'일중 우호 손을 잡는 모임' 발족(민간에 의한 혈육 조사 개시)
8. 15.	『아사히신문』, 특별연재 「생이별한 이들의 기록」 시작
1975. 3. 12.	후생성, '중국 잔류 고아' 공개 조사(1981년 1월 14일 제9회까지)
11. 22.	법무성 통지, 중국 잔류 일본인은 원칙적으로 외국인 취급
1980. 7.	'일중 우호 손을 잡는 모임', 26명의 조사대를 옛 만주로 보냄
1981. 3. 2.	잔류 고아의 제1차 방일 조사 개시
1982. 5. 1.	중국 국적 남편도 동반 가족으로서 국고(國庫) 귀국 여비의 대상이 됨
1983. 4. 1.	'재단법인 중국 잔류 고아 원호기금' 설립
1984. 2. 1.	사이타마현 도코로자와시에 '중국 귀국 고아 정착촉진센터' 개소(1994년 4월 '중국 귀국자 정착촉진센터'로 명칭 변경)
3. 17.	'중국 잔류 일본인 고아' 문제 해결에 관한 일중 간 구상서(口上書) 교환
1985. 3. 29.	후생성, 신원 미판명 '고아'를 위한 신원인수인 제도 창설
1987. 2. 23.	방일 조사가 제15회로 일단 중지
11.	중지 조치에 대한 비판이 일자 정부, 방일 조사 재개
1989. 7. 31.	신원 판명 '고아'에 대한 '특별 신원인수인 제도' 발족
1991. 6. 20.	잔류 여성도 '특별 신원인수인 제도' 적용
1993. 9. 5.	잔류 여성 12명, 집단 '강행 귀국'
12. 15.	중국 잔류 일본인의 귀국 문제 해결을 위한 일중 간 구상서 교환
1994. 4. 6.	「중국 잔류 방인 등의 원활한 귀국 촉진 및 영주 귀국 후의 자립 지원에 관한 법률」 공포
1995. 2. 1.	신원인수인 제도의 일원화(특별 신원인수인을 통합)

1996. 4. 1.	중국 잔류 일본인에 대한 국민연금 특별조치 시행
1998. 6.	후생성, 최초의 사전 방일 조사 실시
1999. 9.	후생성, 집단 방일 조사 방식의 수정 방침 결정
2000. 9.	중국 양부모 사은의 모임' 결성
12. 4.	후생성 '중국 귀국자 지원에 관한 검토회' 보고서
2001. 5. 11.	구마모토지방법원에서 「나병 예방법」에 대한 위헌 판결
6.	중국 양부모 사은의 모임'을 중심으로 10만 명의 서명부와 함께 「중국 귀국자 노후 보장을 촉구하는 청원서」를 중의원과 참의원에 제출
12. 7.	잔류 여성 3명이 국가배상 소송 제소(도쿄)
2002. 12. 20.	잔류 고아 국가배상 집단소송 제소(도쿄). 이후 전국적으로 '잔류 고아'·'잔류 여성' 국가배상 소송 제소 이어짐
2006. 2. 15.	잔류 여성 재판, 도쿄지방법원 판결에서 '자립 지원에 국가가 태만'이라 했음에도, 원고의 배상청구는 기각[노야마(野山) 판결]
12. 1.	고베 소송과 고베지방법원 판결에서 원고 승소. 국가에 배상명령, 발본적인 대책 추궁
12. 10.	국가 측, 고베지방법원 판결에 불복하여 오사카 고등법원에 항소
2007. 1. 30.	도쿄 소송과 도쿄지방법원 판결에서 원고 패소. 이후 각 지방법원 소송에서도 패소 이어짐
11. 28.	참의원 본회의에서 「개정 중국 잔류 일본인 지원법」 전원일치 가결, 성립
12. 5.	후쿠다 야스오(福田康夫) 수상, "여러분(의 문제)에 대해 뒤늦게 깨닫게 되어 죄송합니다"라고 진술, 지금까지의 정부 대응에 대해 사죄
12. 13.	도쿄 제1차 소송의 원고단, 도쿄고등법원 소송 취하

옮기고 나서

이 책은 일본의 패전 이후 중국 동북부, 즉 만주에 버려진 일본인들의 험난한 전후사에 대한 르포르타주다.

저자는 이 일본인들이 그곳으로 농업이민을 가야만 했던 1930년대의 시대적 배경부터 이야기를 풀어 나가기 시작한다. 그가 보기에 이른바 만몽개척단이나 만몽 개척 청소년 의용군이라는 이름의 일본인 농업이민은, 실은 관동군의 대소 전략에 입각한 군사적 인구 배치였다. 일본의 국책으로 전개된 1930년대 후반의 일본인 이민은 특히 그러한 성격이 강했고, 바로 그 점이 1945년 8월 만주에서의 퇴각 당시에 이들의 운명을 가혹하게 만든 직접적인 요인이라는 것이 저자의 생각이다.

물론 이 일본인 농민들은 중국인 농민의 토지를 강제로 수탈하여 조성된 농장에 입식했다는 점에서 중국인을 비롯한 만주 지역의 피지배 민족에게는 가해자였다. 그러나 이들은 일본 농업경제의 파탄에 직면해 해외로 방출된 난민으로서의 성격도 아울러 지니고 있었다. 저자는 이들의 이러한 양면성을 냉철하게 지적하는 동시에, 이들이 1945년 8월 이후 일본으로 귀국하는 과정에서 겪은 트라우마의 측면을 안타깝게 응시한다. 특히 패전의 혼란 속에서 이산가족이 되어 중국에 잔류해야 한 일본인 고아와 여성들의 고난에 대해 무관심과 무대책으로 일관한 일본 정부의 전후 책임에 관해서는 날을 세워 비판을 가하고 있다.

여기에는 저자가 나가노현 출신이라는 지연적 배경도 작용하고 있다. 나가노현은 1930년대 후반의 국책 만주 이민에서 최대 규모의 송출 지역이었고, 그 결과 잔류 고아와 여성의 20퍼센트 전후가 나가노현 출신자였기 때문이다. 때로는 과도해 보일 정도의 감정이입은 바로 여기에서 비롯된 것이리라. 그러나 그 점이야말로 이 책의 가장 큰 강점이다. 즉 일본이라는 국가의 기민정책을 피해 당사자들의 입장에서 비판하는 것이다.

'중국 잔류 일본인'을 다룬 여러 저작 가운데에서 이 책을 선택한 이유도 바로 거기에 있다. 탁월한 르포 작가인 저자는 1986년 『끝없는 여행—'중국 잔류 고아'의 역사와 현재』라는 저작으로 제13회 오사라기 지로(大佛次郎) 상을 수상한 바 있다. 이 책은 그 연장선상에서 이들 고아 · 여성과의 직접적인 만남에 입각하여 쓰인 것이다. 이러한 지속적 관심은 뛰어난 공감 능력 없이는 불가능하다. 이 책에서 배워야 할 것 중 하나는 '타자에 대한 공감'일 것이다.

이 책은 동아시아의 국제정치적 맥락을 중시하고 있다. 예컨대 기시 노부스케(岸信介)로 상징되는 전후 자민당의 반공주의와 후생성의 정책 부재를 저우언라이(周恩來)로 대변되는 중국 측의 유연하고도 인도적인 외교적 수완 및 안목과 대비시키고 있다. 또 북한 납치 피해자들에 대한 일본 정부의 전폭적 지원과 중국 잔류 일본인에 대한 일관된 무성의를 대비시키기도 한다. 이 점 또한 이 책의 장점이다.

저자가 맺음말에서 지적하듯이 시민단체의 자발적인 지원 활동과 2006년 고베지방법원의 역사적인 판결(원래 책 말미에 고베 판결자료의 발췌본이 수록되어 있으나 지면 관계상 생략했다)에도 불구하고, 중국 잔류 일본인 문제는 여전히 현재진행형의 '난제'를 벗어나지 못하고 있다. 그것은 '종군 위안부'나 난징 대학살 같은 동아시아 주변국들과의 역사적 과제가 해결되지 못하고 있는 것과 궤를 같이하는 문제일 것이다. 이제 우리는 복잡하게 뒤얽힌 동아시아의 국제관계를 국익 차원이 아니라 인간 안보 차원에서 사고할 시점에 서 있다.

최근 들어 이민이나 귀환을 비롯해 근현대 동아시아의 '인구이동'에 관한 관심이 부쩍 늘고 있다. 그것은 국제결혼과 외국인 노동자 등 다민족화, 다문화주의화의 추세가 계속될 수밖에 없는 현실의 반영이다. 전쟁과 국가주의가 빚어낸 '중국 잔류 일본인'의 트라우마를 자기 문제로서 공감할 수 있는 촉각을 마련할 수 있다면, 이 책을 옮긴 보람을 조금이나마 찾을 수 있지 않을까?

2014년 3월

춘천 세종암에서

지은이 **이데 마고로쿠**(井出孫六)

1931년 일본 나가노현 미나미사쿠 출생. 1955년 도쿄대학교 문학부 불문과 졸업 후 중앙공론사 근무를 거쳐 『지치부 곤민당 군상』으로 작가 데뷔. 1975년 『아틀라스전설』로 제72회 나오키상을, 1986년 『끝없는 여행—「중국 잔류 고아」의 역사와 현재(終りなき旅—「中國殘留孤兒」の歷史と現在)』로 제13회 오사라기 지로 상 수상. 일본문예가협회 회원, 일본펜클럽회원이다.

저서로 『곶을 걷다』, 『신슈 기인고』, 『역사의 피륙』, 『끝없는 여행』, 『르포르타주 전후사』, 『나사못처럼』, 『야나기타 구니오를 걷는다』, 『만몽의 권익과 개척단의 비극』, 『이시바시 단잔과 소국주의』, 『저항하는 신문인 기류 유유』, 『노구치 히데요』 등이 있다.

옮긴이 **임성모**(任城模)

1961년 서울 출생으로, 연세대학교 사학과를 거쳐 동 대학원 사학과에서 석사 · 박사 학위를 받았다. 현재 연세대 사학과 교수로 재직하고 있다.

주요 논저로 『패전 전후 일본의 마이너리티와 냉전』(공저), 『동아시아의 민족이산과 도시』(공저), 『번역과 일본의 근대』(역서), 『전장의 기억』(역서)이 있다.

한림신서 일본학총서 발간에 즈음하여

1995년은 제2차 세계대전이 끝나고 우리나라가 일본 식민지에서 해방된 지 50년이 되는 해이며, 한 · 일간에 국교정상화가 이루어진 지 30년을 헤아리는 해이다. 한 · 일 양국은 이러한 역사를 되돌아보면서 앞으로 크게 변화될 세계사 속에서 동북아시아의 평화와 번영을 추구해야 하리라고 생각한다.

한림대학교 일본학연구소는 이러한 역사의 앞날을 전망하면서 1994년 3월에 출범하였다. 무엇보다도 일본을 바르게 알고 한국과 일본을 비교하면서 학문적 · 문화적 교류를 모색할 생각이다.

본 연구소는 일본학에 관한 자료를 수집하고 제반 과제를 한 · 일 간에 공동으로 조사 · 연구하며 그 결과가 실제로 한 · 일 관계 발전에 이바지할 수 있도록 노력하고자 한다. 그러한 사업의 일환으로 여기에 일본에 관한 기본적인 도서를 엄선하여 번역 출판하기로 했다. 아직 우리나라에는 일본에 관한 양서가 충분히 소개되지 못했다고 느껴지기 때문이다.

본 연구소는 조사와 연구, 기타 사업이 한국 전체를 위해야 한다고 생각하며 한 · 일 양국만이 아니라 다른 여러 나라의 연구자나 연구 기관과 유대를 가지고 세계적인 시야에서 일을 추진해 나갈 것이다. 그러므로 누구나 열린 마음으로 본 연구소가 뜻하는 일에 참여해 주기를 바란다.

한림신서 일본학총서가 우리 문화에 기여하고 21세기를 향한 동북아시아의 상호 이해를 더하며 평화와 번영을 증진시키는 데 보탬이 되기를 바란다. 많은 분의 성원을 기대해 마지않는다.

1995년 5월

한림대학교 일본학연구소